기독교 신앙은 그리스도를 온전히 섬기고 그분의 길을 따르는 자들에 대한 보상을 약속한다. 문제는 말씀이 선포되는 현장에서 그 보상의 내용들이 지극히 세속적이거나 성경적이지 않은 것들로 소개되고 있다는 것이다. 마크 존스는 성경과 개혁파 신학에 근거하여 상급 교리를 깊고도 명징하게 풀어내고 있다. 이 책은 상급에 대해 어떤 입장에 서 있든지 진지하게 귀를 기울여 볼 만한 내용들로 가득 차 있다. ― 김관성(행신교회)

그리스도의 공로에 의하여 믿음으로 의롭다 함을 받는 그리스도인에게 선행은 필수적이다. 선행은 구원을 위한 공로적 조건은 아니지만 구원받은 자에게 반드시 드러나는 증거이며 열매이다. 은혜의 하나님께서는 선행에 대해 상급을 주심으로써 믿음으로 의롭게 하신 그분의 자녀들을 의롭다고 하신 하나님 자신의 일이 옳음을 선언하신다. 이 책은 교리와 성경 본문을 통해서 선행을 기뻐하시는 하나님께서 상급으로 갚아 주시는 은혜를 잘 드러내 준다. ― 김병훈(합동신학대학원대학교, 조직신학)

종교개혁 신학은 선행을 무시한다는 비판을 로마 가톨릭으로부터 자주 받아 왔다. 마크 존스는 이 책에서 단지 상급에 대한 논의를 넘어, 기독교 신앙에서 선행의 위치가 어떠한지를 성경과 교회사의 탁월한 신학을 통해 잘 보여 주고 있다. 신자가 가진 삶의 의미에 관해 고민하는 모든 분들에게 일독을 권한다. ― 우병훈(고신대학교, 교의학)

순종의 필요성을 말하는 성경의 언어는 풍성하고, 폭 넓고, 일관성이 있다. 우리는 성경의 이 말씀을 피해서는 안 되며, 절대 발뺌할 수도 없다. 교회가 출발 때부터 채택해 온 한 가지 개념을 짧지만 명료하게, 그리고 교회의 덕을 세우는 방식으로 탐구하고 있는 이 책에서 존스 박사는 단순한 면밀함이 아니라 그 너머로까지 가는 발걸음을 내디뎠다. 존스 박사는 한때 우리가 두려워했을 수도 있는 것을 사랑하는 법을 알려 주고 있다.

— 마크 A. 가르시아
임마누엘 정통 장로교회 목사
그레이스톤 신학연구소 소장 겸 성경학·신학 교수

교회가 신약성경의 광범위한 테마들을 고의로 경시하거나 모호하게 만들고 있음을 자각할 때에는 세 가지 반응이 있을 법하다. 첫째, 무시와 무기력함. 둘째, 근본적 변혁과 혁명. 셋째, 개혁과 갱신. 교회에 절대로 필요한 이 작은 책자에서 마크 존스는 세 번째 접근법을 선택해서, 성경과 개혁과 전통을 우리에게 때맞춰 제시한다. 나 자신은 물론 내 주변 그리스도인들은 성경을 통해 자극을 받고 동기를 부여받아야 한다는 것을 나는 알고 있다. 이와 관련해 우리가 그리스도와 성령 안에서 행한 선한 일에 상급을 주시겠다는 하나님의 약속을 다시 생각해 볼 수 있도록 연구하여 도움을 준 존스 박사에게 감사한다. 사려 깊고 세심하게 쓰인 책이다. 작으나마 선행을 하고 귀 기울여 듣는 이들은 풍성한 상급을 받을 것이다.

— 제이슨 B. 후드
고든 콘웰 신학교 도시 목회 교육 연구소장

하나님의 소중한 자녀로서 하나님을 본받는 것이 어째서 우리의 최고 영광인지, 하나님께서 그리스도 안에서 자비로 말미암아 우리의 행위에 상급을 주시는 것이 어째서 우리의 가장 큰 기쁨인지, 마크 존스는 신학적 균형과 명료한 성경 해석과 목회자다운 감수성을 가지고 우리에게 알려 준다. 이 책은 오늘날 교회의 큰 필요를 충족시켜 주고, 먼저 우리를 사랑하신 구주를 사랑하고자 하는 이들에게 소망을 준다.

— 라이언 맥그로
그린빌 장로교 신학교 조직신학 교수

셀윈 반데여(Selwyn Vandeyar)에게
이 책을 헌정합니다.

(마 6:33)

Copyright © Mark Jones 2017
Originally published in English as *A Christian's Pocket Guide to Good Works and Rewards*
by Christian Focus Publications Ltd, Geanies House, Fearn, Ross-shire, IV20 1TW, Scotland, Great Britain.

All rights reserved.

This Korean Edition © 2018 by Jireh Publishing Company, Goyang-si, Gyeonggi-do, Republic of Korea.

This Korean edition is published by arrangement of Christian Focus Publications through F. J. Rudy and Associates.

이 한국어판의 저작권은 F. J. Rudy and Associates 에이전시를 통하여 Christian Focus Publications와 독점 계약한 이레서원에 있습니다. 신 저작권법에 의하여 한국 내에서 보호받는 저작물이므로 무단 전재와 무단 복제를 금합니다.

마크 존스의
선행과 상급

마크 존스의 선행과 상급
A Christian's Pocket Guide to Good Works and Rewards

마크 존스 지음
오현미 옮김

초판 1쇄 발행   2018년 7월 18일
초판 2쇄 발행   2019년 8월 1일

발행처 도서출판 이레서원
발행인 문영이
출판신고 2005년 9월 13일 제2015-000099호

편집장 이혜성
편집 송혜숙, 오수현
영업 김정태
총무 곽현자

경기도 고양시 일산동구 중앙로 1160 오원플라자 801호
Tel. 02)402-3238, 406-3273 / Fax. 02)401-3387
E-mail: Jireh@changjisa.com
Website: Jireh.kr / Facebook: facebook.com/jirehpub

책값은 표지에 있습니다.

ISBN 978-89-7435-505-0 03230

신저작권법에 의해 한국 내에서 보호받는 저작물이므로 저작권자의 서면 허락 없이 이 책의 어떠한 부분이라도 전자적인 혹은 기계적인 형태나 방법을 포함해서 그 어떤 형태로든 무단 전재하거나 무단 복제하는 것을 금합니다.

이 도서의 국립중앙도서관 출판예정도서목록(CIP)은 서지정보유통지원시스템 홈페이지(http://seoji.nl.go.kr)와 국가자료공동목록시스템(http://www.nl.go.kr/kolisnet)에서 이용하실 수 있습니다. (CIP 제어번호: CIP2018019564)

01

마크 존스의
선행과 상급

마크 존스 지음
오현미 옮김

Good Works and Rewards

이레서원

주의할 것

 잊지 말 것

 멈추고 생각해 보기

 참고 사항

목차

- 머리말 · 10
1. 만일 하나님이 우리를 위하시면 · 15
2. 상급의 근거인 삼위일체 · 26
3. 선행의 구성 요소는 무엇인가? · 40
4. 인간이 하나님 앞에 공로를 쌓을 수 있을까? · 52
5. 하나님께서 약속하신 상급 · 62
6. 상급과 기도 · 68
7. 행위에 따라 심판함 · 72
8. 이 땅에서 우리 자녀들에게 상 주기 · 83
9. 천국에 사람을 쌓아 두기 · 88
10. 천국에서 입게 될 영광은 각자 다르다 · 94
11. 이생에서 받는 상 · 103
12. 선행을 위한 몇 가지 제안 · 113
13. 시험 · 118
- 결론 · 121

추천 도서 · 123
웨스트민스터 신앙 고백서 16장: 선행에 관하여 · 124
주 · 126

머리말

 자기 백성에게 상급을 주시는 하나님에 대해 말하는 성경 구절도 많은 반면, 그런 구속받은 사람들을 죄인이라 부르는 성경 구절도 많다. 우리가 태생적으로 어떤 존재들인지(즉, 죄인이라는 것을), 그리고 하나님이 본질상 어떤 분인지(즉, 거룩하고 의롭고 공의로우신 분임을) 생각하면, 하나님께서 우리에게 '상급을 주신다'고 말하는 게 조금 뻔뻔스럽게 여겨진다(어쩌면 망상으로 보일 수도?). 예수께서는 죄인을 구원하러 오셨는데 그 죄인들의 행위에 대해 상급을 주신다고? 있을 수 없는 일이다! 아니, 설령 그게 사실이라 해도 그 문제에 대해서는 되도록 이야기하지 않는 것이 최선일 것이다. 선행과 상급을 다루는 책이 별로 없는 것은 그 때문이다.
 특히 북미 진영에서 나는 그리스도인들이(심지어 목회자들도) 상급이라는 논제에 대해 병적으로 까다로운 경향이 있는 것을 봤다. 이런 현상에는 여러 가지 이유가 있을 법하다. 이를테면 로마 가톨릭교도나 율법주의자, 혹은 자기 능력을 의지하는 사람으로 보이지 않을까 하는 염려 때문일 수 있다. 하지만 나는 그리스도인의 삶에서 상급 교리의 중요성과 가치를 강조하는 긍정적 논증을 펼치고자 한다. 어떤 면에서 상급 교리는 성부·성자·성령을 독특한 방식으로 영화롭게 하며, 또 우리 이웃들에게도 복이 된다. 성경 또한 하나님께서 자기 백성에게 상급을 주시는 것을 자주 강조한다. 대개 이는 신자들에게 당연한 선을 행하도록 동기를 부여하고, 회개의 열매를 소홀히 하는 일을 방지하기 위해서다.

그리스도인에게 선행은 선택 사항이 아니다. 그와 동시에 선행이 단지 의무이기 때문에 하는 일이 돼서도 안 된다. 선행을 하는 데에는 여러 가지 이유가 있다. 하나님께서 우리를 위해 해 주신 일에 대한 감사도 그 한 가지 이유다. 비교적 덜 분명한 이유로 내가 '거룩한 이기심'이라 이름 붙인 게 있는데, 이는 하나님께 상급을 받고자 하는 욕구를 말한다.

상급 교리가 악용될 가능성이 있고 목회에 귀찮은 일이 생길 가능성이 있다 해서 이 교리의 정당한 쓰임새와 이 교리를 논해야 할 필요성이 파기되지는 않는다. 오직 믿음에 의한 칭의 교리를 오용하는 이들이 많지만, 개신교 신학자들은 이 교리를 거저 주어지는 은혜로운 권리로 거침없이 담대하게 선포했다. 오직 믿음을 통해 영생에 들어갈 권리로 말이다. 이신칭의나 성육신 같은 영광스러운 교리는 잘못 이해되는 경우가 흔하고, 이런 잘못된 이해 때문에 이 교리들이 일부 지나치게 대단한 교리가 되기도 한다. 기독교 신앙의 여러 진리들은 세상 사람들이 보기에 이해가 안 되고, 심지어 그리스도인들까지도 혼란스럽게 만든다. 그리스도의 죽음이 임박했고 그 후에 부활하실 거라는 사실을 제자들이 이해하지 못했던 것을 기억하는가? 어떤 가르침은 언뜻 보기에 말이 안 되어 보이는데, 바로 이 점이 그 가르침이 지닌, 말로 표현할 수 없을 만큼의 위엄과 배타적 기원을 강조하는 경우가 많다. 이 가르침은 우리 위에, 우리를 초월해서 존재하시는 하나님에게서 온 진리라고 말이다.

선행과 상급에 대해 이야기하기를 꺼리는 이들은 이 책을 공감하며 공정하게 읽어 주기를 바란다. 이 교리를 위해 내가 제시하는 성경의 증거를 반드시 베뢰아 사람들처럼 시험해 보기 바란다. 이 교리에 하나님의 은혜가 온통 인처럼 찍혀 있음을 알게 되기를, 그리고 전보다 더 하나님과 이웃을 사랑해야겠다는 마음을 먹게 되기를 바라고 확신하며 기대한다.

"그러므로 내 사랑하는 형제들아 견실하며 흔들리지 말고 항상 주의 일에 더욱 힘쓰는 자들이 되라 이는 너희 수고가 주 안에서 헛되지 않은 줄 앎이라"(고전 15:58). 아멘. 하나님의 종들이 하는 일은 절대 헛되지 않다. "하나님은 불의하지 아니하사 너희 행위와 그의 이름을 위하여 나타낸 사랑으로 이미 성도를 섬긴 것과 이제도 섬기고 있는 것을 잊어버리지 아니하시느니라"(히 6:10).

개신교 목회자들의 가르침

확신컨대 나는 그 사람 못지않게 많은 설교자들의 설교를 들었고, 그 사람 못지않게 많은 설교자들의 책을 읽었지만, 이 설교자들이 "선행이라는 기독교 교리"에 반대한다는 말은 한 번도 들어 보거나 읽어 본 적이 없다는 사실을 입증할 수 있다. 하나님의 전 율법에 보편적으로 순종할 것을 강조하는 말은 자주 듣고 읽었다. 이들은 선한 일을 많이 하라고 사람들에게 가르쳤고, 율법과 복음의 명령을 근거로 선행의 절대 필요성을 역설했으며, 그리스도 안에서 이 행위가 인정되고 상급을 받으리라는 복된 약속으로써 선행을 장려했고, 선행을 천국으로 가는 길로 선포했으며, 믿는 자들은 모두 그리스도 예수 안에서 선한 일을 하는 자들로 창조되었기에 선행을 소홀히 하거나 멸시하는 자는 자신의 구원을 제멋대로 무시하는 자라고 단언했다. 반면에 나는 개신교 목회자가 "바울의 로마서에서 발췌해 낸 진술"로 "선행이라는 기독교의 교리를 반대"하는 말은 들어 본 적도 없고 읽어 본 적도 없다. … 바울의 말이 하나님께서 선한 행위를 그리스도 안에서 인정하시고 상급을 주시겠다고 은혜롭게 약속하셨다는 뜻이라면, 그 약속에 근거해 그 행위들은 인정받을 만하고 상급을 받을 만하게 된다. 개신교 설교자들은 날마다 이렇게 가르친다. – 존 오웬[1]

1.
만일 하나님이 우리를 위하시면

하나님은 그저 선한 하나님이 아니다. 하나님은 선 자체이시다. 하나님은 무한히 선하시다. 하나님께서 하시는 일은 다 선하다. 하나님의 선함에 의문이 제기되면 안 되므로 말이다. 우리의 행위는 우리가 어떤 사람인지를 반영한다(마 12:35). 이는 특히 하나님에게 해당되는 말이다.

그리스도인으로서 우리는 주로 그리스도 안에서 하나님의 선함을 본다. 우리는 성자 안에서 우리에게 보이신 그런 선함에 비추어, 하나님께서 일하시는 방식을 익혀야 한다. 왜냐하면 하나님의 명령이 선한 것처럼 하나님의 방식도 선하기 때문이다. 우리는 시편 기자와 한목소리로 말한다. "주는 선하사 선을 행하시오니 주의 율례들로 나를 가르치소서"(시 119:68).

우리가 선을 행하려 애쓰는 것은 우리가 선하신 하나님의 자녀이기 때문이다. 우리는 "선을 행하되 낙심하지 말"아야 한다(갈 6:9). 하나님의 아들이신 우리 주님은 하늘에 계신 아버지를 본받을 의무가 있음을 잘 알고 계셨다. 그래서 그리스도께서는 두루 다니며 선한 일을 행하셨으며(행 10:38), 심지어 가장 큰 고난 중에도 그렇게 하심으로써(눅 23:34) 우리에게 본과 모범을 남기셨다(벧전 2:20-21). 하나님의 자녀는 모든 도덕적 속성(거룩함 · 선함 · 지혜 · 공의 · 진리 등) 가운데 계신 하나님을 반영해야 한다.

선을 행하려 하지 않는다거나 선을 행할 수 없다 말한다면 이는 그리스도 안에서 우리에게 보이신 하나님의 선함을 제대로 이해하지 못하는 것이다. 그런데 하나님의 선하심에는 우리를 선하게 만드시기 위해 우리 마음에 성령을 보내시는 것도 포함된다. 우리는 우리가 전하는 메시지와 우리의 행동을 우리가 그리스도인이라는 증거로 내세운다. 바울은 디도에게 간절히 부탁했다. "범사에 네 자신이 선한 일의 본을 보이며"(딛 2:7). 우리의 빛이 사람들에게 비춰져야 한다(마 5:16).

하나님은 우리로 하여금 하나님의 도덕적 탁월성을 닮게 하시고 우리가 죄 때문에 흉해진 것을 고치심으로 우리를 위하신다. 그리스도인으로서 우리는 "하나님을 따라 의와 진리의 거룩함으로 지으심을 받은 새 사람을 입"어야 한다(엡 4:24). 우리를 향한 하나님의 은혜는 우리를 선하게 만든다. "선한 사람은 그 쌓은 선에서 선한 것을 내고"(마 12:35). 하나님께서는 선함의 완벽한 형상인 성자에게서 그치지 않고, 자신의 영광을 성자에 속한 이들과 함께 나누신다. 그런 영광에는 그 아들의 형상을 본받는 것도 포함된다(롬 8:29).

긍휼히 여기시며 은혜를 베푸시며

하나님께서 그리스도 안에서 구속의 능력을 통해 우리를 선하게 만드심을 인정하면, 그다음에 우리는 이렇게 물을 수 있다. "하나님께서 백성들의 선행에 대해 상급을 주실 수 있을까?" 이 질문에 답하려면 하나님의 은혜에 대해 알아야 한다. 하나님께서 선행에 대해 상급을 주시느냐의 여부에 관한 우리의 의견은 여러 면에서 우리의 하나님 인식과 밀접하게 연관된다. 하나님에 관해 어떤 일을 긍정 혹은 부정할 때 어쩌면 우리는 자기도 모르게 하나님의 존재의 어떤 측면을 의심하는 것일 수 있다.

하나님은 자비로우시고 은혜로우시다. "그러나 주여 주는 긍휼히 여기시며 은혜를 베푸시며 노하기를 더디 하시며 인자와 진실이 풍성하신 하나님이시오니"(시 86:15; 시 103:8도 보라). 다시 말한다.

"여호와는 은혜로우시며 긍휼이 많으시며
노하기를 더디 하시며 인자하심이 크시도다
여호와께서는 모든 것을 선대하시며
그 지으신 모든 것에 긍휼을 베푸시는도다"
(시 145:8-9)

하나님의 은혜란 피조물을 향한 하나님의 은총, 특히 이들에게 아무 자격이 없을 때 이 은총이 주어지는 것을 가리킨다. 은혜는 아무 대가 없이, 과분하게 주어지는 은총이다. 아담이 은혜를 받았다면, 타락 후(post-Fall)의 신자는 그보다 더 큰 은혜를 얻는다. 아담이 받은 은혜는 그리스도의 구속 사역이라는 자비에 바탕을 두지 않았으며, 이는 타락 전 은혜와 타락 후 은혜의 결정적 차이점이다.

하나님께서 모든 피조물에게 은사를 주시는 것에서 알 수 있다시피, 피조물과 관계를 맺을 때 하나님은 어느 정도는 다 은혜로 관계를 맺으신다(마 5:44-45; 시 36:5-6). 하지만 교회에 주시는 은혜는 영생으로 귀결되는 은혜이기 때문에 '특별히 넘치는' 은혜다. 에베소서는 1장에 언급된 하나님의 은혜의 영광과는 전혀 별개로, 2장부터는 교회를 향한 하나님의 은혜를 상세히 주석한다. 예를 들어 2장을 보면, "긍휼이 풍성하신"(엡 2:4) 하나님은 우리를 향해 "큰 사랑"을 보이사 영적으로 죽었던 우리를 그리스도 안에서 살리셨다(5절). 이는 "그리스도 예수 안에서 우리에게 자비하심으로써 그 은혜의 지극히 풍성함을 오는 여러 세대에 나타내"는 역할을 한다(7절). 우리는 우리 자신의 행위와는 완전히 별개로 "은혜에 의하여", 혹은 "하나님의 선물"로 구원받는다. 이 선물에는 "전에 예비하사 우리로 그 가운데서 행하게 하려"(10절) 하신 선한 행위도 포함된다. 그러면 "하나님께서 우리 안에서 선한 일을 행하시는 것인데 어떻게 해서 신실한 종들에게 상급을 주시는가?"라는 의문이 생길 것이다. 이 질문은 하나님의 은혜에 비춰 생각해 볼 때에만 답변될 수 있다.

무엇이든 우리가 받는 것은 다 하늘에 계신 아버지에게서 오는 것이 틀림없으며(요 3:27; 약 1:17), 이 사실로 인해 우리는 겸손해야 한다. 하늘 문을 늘 닫아 놓은 채 백성들에게 복 내리기를 거부하시는 인색한 하나님은 성경에서 찾아볼 수 없다. 그렇다. 하늘을 "죽 찢어 열고" 자기 아들을 보내사 우리 죄를 위해 죽게 하신 하나님이 "어찌 그 아들과 함께 모든 것을 우리에게 주시지 아니하겠"는가?(롬 8:32)

은혜는 과분한 은총이기에, 우리는 아담이 타락 전에 하나님에게서 은혜를 받았다고 생각한다. 그렇다면 타락 전 아담이 받은 은혜와 타락 후 신자들이 지금 받는 은혜의 차이점은 무엇인가?

태초에

하나님께서 아담과 하와를 창조하셔서 동산을 다스리게 하셨을 때, 인간이 독특하게 하나님의 임재를 향유(享有)하는 성전이었던 이곳에서 하나님은 이들에게 임무를 주셨다. 선지자와 제사장과 왕으로서 하나님은 땅을 정복해야 할 의무의(창 1:28) 한 부분으로 동산을 "경작하며 지키"라고(창 2:15) 아담에게 명령하셨다. 하나님의 형상을 지닌 자로서 아담과 하와는 이 땅에서 부섭정(副攝政) 역할을 했는데, 이 역할은 하나님의 이름의 영광을 위해 하나님의 자녀인 사람들을 더 '충만케' 해야 하는 일이었다.

하나님은 아담의 개인적이고 완벽한 순종에 대해 아담에게 상급을 주시려 했다고 많은 신학자들이 주장한다. 그 상급이 무엇이었을까를 두고 논쟁이 좀 있지만, 아담과 하와가 시험 기간을 거쳐 모종의 '천상의' 실존, 즉 죄를 지을 수 없고 생명나무의 열매를 먹고 영원히 살 수 있는(창 3:22) 상태로 들어갈 수 있었을 거라고 많은 이들이 말해 왔다. 다시 말해, 충실한 행위에 대해서는 언제나 상급의 약속이 있었다. 이는 '언약'의 정황을 기반으로 하며, 이로써 하나님께서는 백성들에게 약속도 하시고 위협을 하시기도 한다. 토머스 왓슨(Thomas Watson)이 지나치게 독단적이지 않은 어조로 말하다시피, "인간이 견뎌 냈을 경우, 죽지 않고 더 좋은 낙원으로 옮겨 갔을 것이다."[2]

하나님의 창조 패턴은 일하고 안식하는 패턴이며, 이는 하나님만이 아니라 하나님의 피조물을 위한 패턴이기도 하다. 이어지는 성경의 계시를 보면, 이 창조 패턴은 폐기되지 않고 구속 패턴의 청사진으로 여전히 남아 있음을 알 수 있다. 우리가 추구해야 할 안식은 궁극적으로 천국에서의 안식이다(히 3-4장). 하나님께서는 원래 아담의 행위에 대한 상급으로 제시하셨던 것을 그리스도를 통해 우리에게 주신다. 우리는 두 번째 아담인 그리스도를 통해 하나님의 안식으로 들어간다.

아담의 충성으로 인해 그에게 주어졌을 법한 상급은 아담이 자기 힘으로 획득할 수 있었던 것보다 훨씬 나았으며, 언약을 기반으로 아담과 하와를 다루신다는 바로 이 점에서 하나님의 은혜가 두드러져 보인다. 아담은 전적으로 하나님께 의존해야 했고, 성령을 통해 도움을 주사 성부께서 받으실 만한 순종을 드리게 해 달라고 요청해야 했다. 자기 자신을 의존하는 태도는 하나님을 거스르는 죄일 터였고, 불신앙의 형태로 드러나는 자기 의존은 실제로 아담과 하와를 죄로 이끌었다. 이들은 성령을 의지하여, 성부께서 말씀하신 경고의 말씀을 믿어야 했다.

아담은 하나님이 자신에게 뭔가 빚지고 있다는 말을 절대 할 수 없었다. 그리스도께서 말씀하셨다시피, "명령 받은 것을 다 행한 후에 이르기를 우리는 무익한 종이라 우리가 하여야 할 일을 한 것뿐이라"(눅 17:10)라고 말해야 하기 때문이다. 하지만 언약의 조건에 따라 하나님은 아담의 순종에 대해 상급을 주시되 그 순종의 가치를 훨씬 상회하는 방식으로 주시고자 했다. 이렇게 해서 우리는 하나님이 은혜로 행하시는 것을 보게 된다. 분에 넘치는 상급을 주시니 말이다. '행위' 관계의 맥락에서도 이는 여전히 마찬가지다. 아담과의 언약은 '행위 언약'(covenant of works)이라 부르는 게 맞는데, 이는 또한 '생명 언약'(covenant of life), '하나님과의 교제 언약'(covenant of friendship with God)이라는 적절한 이름으로도 알려져 있다. 세 가지 모두 적당한 표현이다.

다 치우쳐

죄는 은혜로우신 하나님께 대한 아담의 반역을 통해 세상에 들어왔다. 하나님의 지상 부섭정으로서 '왕'이요 하나님의 아들이라는 독특한 소명을 지닌 아담의 죄는 그의 모든 후대에 해를 끼치는 결과를 낳았다. 다윗은 성경에서 죄와 관련된 어휘를 풍성하게 차용하여 중요한 점을 지적한다. 즉, 우리의 근본 문제는 우리의 행위가 아니라 우리의 존재라는 것이다. 우리는 "죄악 중에서 출생"했고 죄 중에 잉태되었다(시 51:5). 달리 말해, 잉태되는 순간 우리는 거룩하시고 의로우신 하나님 앞에 죄 있고 오염된 상태로 선다는 것이다. 아담의 허물 때문에 우리는 하나님께 불쾌한 존재가 되었다.

성경은 우리를 죄인이라 부르되, 우리가 어떤 존재들인지 설명하는 데 그치지 않는다. 흔히 우리는 우리의 타고난 악함을 별것 아닌 것으로 여기고 싶어 하지만, 성경은 진짜 죄인이 어떤 모습인지 우리에게 실감 나게 그려 보인다(롬 3:12-18).

"다 치우쳐 함께 무익하게 되고
선을 행하는 자는 없나니
하나도 없도다
그들의 목구멍은 열린 무덤이요
그 혀로는 속임을 일삼으며
그 입술에는 독사의 독이 있고
그 입에는 저주와 악독이 가득하고
그 발은 피 흘리는 데 빠른지라
파멸과 고생이 그 길에 있어
평강의 길을 알지 못하였고
그들의 눈 앞에 하나님을 두려워함이 없느니라"

바울이 인간을 묘사하는 말은 그다지 듣기 좋은 말이 아니다.

데이트할 때 상대방의 인격을 이런 식으로 묘사하지는 않을 것이다. 하지만 로마서 3장의 이 단락은 은혜가 없을 때 우리 모두가 어떤 모습인지에 대해 진실을 말해 준다. 예를 들어, 누구도 선을 행하지 않는다, 단 한 사람도. 우리가 하나님 앞에 죄가 있음은, 믿음과 소망의 원리가 없다면 우리 모든 행동이 육체에서 나오기 때문이다.

우리가 "육체 가운데서" 선을 행할 수 있다고 한다면, 예를 들어 복음을 믿는다거나 하나님께서 받으실 만한 예배를 드릴 수 있다고 한다면, 이는 하나님 말씀의 가르침과 상관없는 말이다. 우리는 하나님 앞에서 도덕적으로 파산한 자들로서, 하나님의 진노와 저주를 받아 마땅하다. 하나님을 기쁘시게 한다거나 하나님께 상급을 받는다는 말은 하나님의 진노 아래 있는 자들에게는 지극히 어리석은 이야기다(엡 2:1).

그런데 이상하게도 그리스도인 중에 이 진리를 취하여 자기 삶에 적용하는 이들이 있는 것 같다. 회심하기 전의 우리 자신을 "너무 선하게" 여기는 것도 잘못이지만, 회심한 후 우리 자신을 "너무 나쁘게" 생각하는 것도 잘못이다. 이를 알면 상급을 다루는 이 책의 핵심에 이를 수 있다. 하나님은 어떤 분이신가? 그리고 우리는 그리스도 안에서 어떤 존재들인가? 이 두 가지 근본적 질문에 답변해야만 하나님께서 그리스도인들의 선행에 대해 상급을 주실 것인지의 여부를 알 수 있다.

> 회심 후의 우리 자신을 "너무 나쁘게" 생각하는 게 어째서 잘못인가? 우리는 어떤 식으로 그런 잘못을 저지르는가?

2.
상급의 근거인 삼위일체

우리가 믿음을 통해, 성령의 능력으로, 그리스도의 이름으로 하나님의 가족이 되면, 하나님과 우리의 관계가 달라진다. 에덴에서 하나님은 아담의 하나님이실 뿐만 아니라 아담의 아버지시기도 했다. "그 위는 아담이요 그 위는 하나님이시니라"(눅 3:38). 구속받은 이스라엘도 하나님의 자녀였다(신 32:6).

"어리석고 지혜 없는 백성아
여호와께 이같이 보답하느냐
그는 네 아버지시요 너를 지으신 이가 아니시냐
그가 너를 만드시고 너를 세우셨도다"

또 이사야 64:8에서는 이렇게 말한다.

"그러나 여호와여, 이제 주는 우리 아버지시니이다
우리는 진흙이요 주는 토기장이시니
우리는 다 주의 손으로 지으신 것이니이다"

새 언약에서도 자녀 신분은 달라지지 않고 오히려 더 분명해진다. 우리는 주 예수 그리스도를 통해 하나님의 자녀 된 자들이다. 예수 그리스도와 연합함으로 우리는 그리스도 고유의 정체를 공유한다. 그리스도는 하나님의 아들이시고, 우리는 하나님의 자녀들이다. 그리스도께서는 우리 마음에 성령을 부으시고, 그 영으로써 우리는 "아빠 아버지라고 부르짖"으며, "성령이 친히 우리의 영과 더불어 우리가 하나님의 자녀인 것을 증언"하신다(롬 8:15-16). 고전적 저작 『하나님을 아는 지식』(*Knowing God*)에서 패커(J. I. Packer)는 양자 됨을 가리켜 "복음이 제공하는 최고의 특권"이라고 한다.[3] 패커는 이렇게 덧붙인다.

양자 됨을 통해 하나님께서는 우리를 자신의 가족으로 삼아 주시고 자신과 교제하게 하신다. … 하나님은 우리를 자신의 자녀요 후사(後嗣)로 세우신다. 친밀함·애정·관대함이 이 관계의 핵심에 자리 잡고 있다. 심판주 하나님에게 옳다 여김 받는 것[즉, 칭의]도

엄청난 일이지만, 성부 하나님께 사랑받고 돌봄받는 것[즉, 양자 됨]은 더욱 엄청난 일이다.[4]

하나님이 우리의 아버지시라는 현실은 하나님께서 우리의 선행에 상급을 주실지 여부를 아는 데 결정적인 일이 된다. '하나님이 우리 아버지'라는 말이 이 문제를 결말지어 주어야 한다. 자녀를 키워 본 사람이라면 순종하는 자녀가 어떤 기쁨을 안겨 주는지 잘 알 것이다. 아이가 고분고분 말을 잘 듣는 것이 그리스도께서 보이신 완전한 순종에는 미치지 못하지만 말이다. 하나님은 심지 않은 곳에서 거두는 고약한 주인이 아니시다(마 25:24). 하나님은 우리가 먼지일 뿐임을 기억하시고(시 103:14) 그 사실에 따라 우리를 대하신다.

우리의 아버지로서 하나님께서 절대 완전함에 미치지 못하는 순종도 받아 주심은 예수께서 우리 대신 절대 완전한 순종을 바치셨기 때문이다. 더 나아가, 우리의 행위가 이제 하나님께 기쁨이 됨은 그리스도 안에서 흔들림 없는 새로운 정체를 갖게 된 결과 우리가(인격적 존재로서) 하나님께 기쁨이 되기 때문이다. 그리스도인으로 살아갈 때 우리는 우리 존재가 먼저이고 행위는 그다음인 순서에 따라 살아간다.

부모와 자녀 개념으로 다시 돌아가서, 우리 어린 자녀들이 그리는 그림을 한 번 생각해 보자. 아이는 자기가 그린 그림을 아버지에게 갖다 보여 준다. 삐뚤빼뚤한 글씨와 뻣뻣한 인물들밖에 없는 크레파스 그림일 수도 있다. 대다수 사람들은 그런 그림 앞에서 아무 반응도 안 보이지만, 아버지는 그림을 보고 크게 기뻐한다. 아버지가 아이의 진심 어린 노력을 그저 기쁘게 받아들이는 것은 이 아이가 자기 자녀이기 때문이다. 그림을 그리는 아이의 존재 자체가 그 '작품'이 아버지에게 기쁨이 되는 가장 큰 이유다. 마찬가지로, 하나님께서는 자기 자녀의 '거짓 없는 순종'과 행위를 인정해 주신다. 『웨스트민스터 신앙 고백서』는 16장의 세부 항목에서 이 원리를 매우 유쾌하게 제시한다.

> 그럼에도, 신자 자신이 그리스도를 통해 용납되는 것처럼 신자의 선행 또한 그리스도 안에서 용납된다. 이때 신자의 선행이 이생에서 하나님 보시기에 전혀 흠 잡을 만한 것이 없고 나무랄 데가 없다는 듯이 용납되는 것은 아니다. 하나님께서 성자 안에서 우리의 선행을 보시기에, 비록 우리의 선행이 많은 연약성과 불완전성을 동반하고 있을지라도, 이를 순수한 것으로 용납하고 상 주기를 기뻐하시는 것이다.

하나님은 우리를 "육체 안에 있는" 자로 보시지 않고 육체가 되신 분, 곧 예수 그리스도 하나님의 아들 안에 있는 자로 보신다. 하나님은 우리 아버지시다. "온갖 좋은 은사와 온전한 선물이 다 위로부터 빛들의 아버지께로부터 내려오나니 그는 변함도 없으시고 회전하는 그림자도 없으시니라"(약 1:17). 그리스도인으로서 우리가 받는 모든 복은 하늘에 계신 우리 아버지의 자녀로서 받는 복이다.

> 자기 자신을 어떤 사람으로 생각하는가? 하나님이 내 아버지라는 진리는 내가 나 자신을 생각하는 방식에 어떤 영향을 끼치는가?

그리스도인다운 행실은 내가 어떤 사람인가에 대한 이해에서 비롯된다. 예를 들어 산상설교에서 예수께서는 원수를 사랑하라고 제자들에게 명하신다. "너희 원수를 사랑하며 너희를 박해하는 자를 위하여 기도하라 이같이 한즉 하늘에 계신 너희 아버지의 아들이 되리니"(마 5:44-45). 어떤 사람이 하나님의 아들인지는 이 사람이 마치 성자께서 자기 원수를 사랑하셨듯 원수를 사랑한다는 사실을 보고 확인할 수 있다. 하나님의 아들이라는 성자의 정체는 필연적으로 그런 사랑을 하게 만들었고 그런 사랑을 보증했다. 하나님께서는 그런 충실하고 힘든 행실에 대해 그분께 상급을 주셨으며, 하나님은 우리에게도 그렇게 상급을 주실 것이다.

그리스도께서는 산상설교 뒷부분에서 이 점을 분명히 하신다.

6장에서 우리는 남들에게 보이려고 남들 앞에서 의를 행할 위험이 있다는 말씀을 보게 된다(마 6:1). 이 땅에서 무의미한 '상'을 받고, 성부에게서 받는 천상의 진짜 상은 잃는 사람들에 대해 그리스도께서는 경고하신다(마 6:2). 그러므로 그리스도인의 베풂은 보통 "오른손이 하는 것을 왼손이 모르게" 은밀히 행해야 한다. 그러면 어떤 결과가 생기는가? "은밀한 중에 보시는 너의 아버지께서 갚으"실 것이다(마 6:4). 매튜 헨리는 이 구절 주석에서 이렇게 말한다. "하나님께서 그대에게 상 주실 것이다. 종에게 품삯을 줄 때 딱 그가 일한 만큼만 주는 주인으로서가 아니라, 자신을 섬기는 아들에게 넉넉히 주시는 성부로서 주실 것이다."[5]

하나님께서 분명히, 그리고 은혜롭게 약속하시는 것을 우리가 우리 자신에게 부인한다면 이는 하나님에게서 은혜로우신 성부라는 정체를 빼앗는 것이다. 이와 같이, "하나님께서 그리스도인의 선행에 대해 상급을 주시는가?"라고 묻는 것은 잘못이 아니다. 그러나 그보다는 이렇게 묻는 게 더 좋을 것이다. "하늘에 계신 우리 아버지는 그 풍성한 은혜로 자기 자녀의 선행에 대해 상급을 주시는가?"

내가 그들로 말미암아 영광을 받았나이다

그리스도인들이 행하는 선한 일은 언제나 그리스도의 이름 가운데 있다. "또 무엇을 하든지 말에나 일에나 다 주 예수의 이름으로 하고 그를 힘입어 하나님 아버지께 감사하라"(골 3:17). 우리의 선행은 그리스도의 영광과 결부된다. 그런데 그리스도의 영광을 논할 때 우리가 알아야 할 것은, 주 예수께서는 서로 별개이면서도 긴밀하게 연관된 세 가지 영광을 소유하신다는 점이다.

첫째, 참 하나님에게서 나신 참 하나님으로서 그리스도는 영광의 하나님이시다(행 7:2). 복되신 성삼위의 각 위(位)는 영광과 엄위 면에서 모두 동등하시다. 삼위 모두 신적 본질을 똑같이 공유하시며, 삼위께서는 자신들만이 온전히 알고, 보고, 누릴 수 있는 무한하고 불변하는 영광을 소유하신다. 이는 우리의 이해 범위를 완전히 초월하는 영광이다. 그리스도인으로서 우리는 하나님께 찬송과 영광을 돌릴 수 있다(대상 16:29). 엄밀히 말해서, 이는 하나님의 영광에 아무것도 더할 수 없지만, 그래도 우리의 찬양과 예배와 순종은 여전히 "하나님을 영화롭게 하는" 것으로 이해된다.

삼위 하나님의 무한한 영광은 우리가 이해하기에는 여전히 너무 높고, 너무 뛰어나고, 너무 놀랍다. 이 영광은 우리의 능력을 완전히 초월하며, 말하자면 하나님의 영광 한 방울만으로도 우리를 다 태워 없앨 수 있다. 죄가 세상에 들어오면서 이 현실은 더 뚜렷해진다(출 33:20을 보라).

둘째, 우리는 예수 그리스도의 위격에서 하나님의 영광을 보되

(고후 3:18; 4:6), 이생에서뿐만 아니라 내세에서도 그러하다. 예수께서는 예수께만 있는 독특한 영광을 소유하신다. 성부와 성령은 이 독특한 영광을 공유하지 않는데, 이는 성부와 성령의 신성은 완전한 하나님이자 완전한 인간이 아니기 때문이다. 신학자들의 말에 따르면 그리스도만이 신인(테안트로포스, *theanthropos*), '복합적 존재'(complex person), '혼성 존재'(composite person)시다. 그래서 그리스도는 독특한 영광을 소유하시며, 이 영광은 '위격적 영광'(personal glory)이라고도 한다.

성육신의 결과로 그리스도의 위격에는 하나님의 영광의 장엄한 현시가 존재한다. 하나님께서는 수백만 개의 세상을 만들어 자신의 영광을 드러내실 수도 있었지만, 수백만 개의 세상도 우리가 그리스도의 위격에서 보는 영광에는 비할 바가 못 되었을 것이다. 결국 그리스도는 보이지 않는 하나님의 보이는 형상이다(골 1:15). 다른 어떤 사람에 대해서도 그렇게 말할 수 없으며, 영광으로 장식된 수백만 개의 세상이 창조된다 하더라도 더더욱 그렇게 말할 수 없다.

셋째, 그리스도께서는 중보자의 영광을 소유하신다. 자기 백성들을 대신해 일하신 결과, 그리스도께서는 자기 자신뿐만 아니라 자기 신부를 위해서도 영광을 획득하셨다. 그리스도께서는 자기 자신을 위해 영광을 받는 데 만족하시지 않고 자신의 신부도 자신의 영광을 함께 나누기를 바라신다. 우리는 그리스도께서 신인으로서 지니시는 본질상 신적인 영광이나 위격적 영광을 가질 수 없기 때문에, 그리스도께서 우리를 위해 획득하신 영광을 나눠 가지게 된다.

우리는 이것을 '부가된 영광'(superadded glory)이라고 부를 수 있다. 이 영광엔 그리스도의 백성들도 연관되는데, 왜냐하면 이들은 결국 그리스도의 신부이기 때문이다. 그리고 여자가 남자의 영광을 드러내는 것처럼(고전 11:7), 그리스도의 신부는 그리스도의 영광을 소유한다. 그리스도의 몸인 우리는 "만물 안에서 만물을 충만하게 하시는 이의 충만함"(엡 1:23)이다.

> 예수께서는 자기 영광을 자기 신부인 교회와 함께 나누기를 기뻐하신다. 이 진리는 우리가 교회를 보는 시각 및 교회 안에서 우리의 위치를 보는 시각에 어떻게 영향을 끼치는가?

그리스도의 신부가 그리스도께서 대신 행하신 일에 따르는 복을 획득하면, 그로써 그리스도께서는 영광을 받으신다. 그리스도께서는 자기 수고의 열매를 보신다. 부활하신 영광의 왕으로서 그리스도께서 하늘로부터 더 많은 복을 부어 주실수록, 그분은 더 많은 영광을 받으신다. 사실 그리스도께서 교회에 더 많은 사랑을 보여 주실수록 그분은 자기 자신에게 더 많은 사랑을 보이시는 것이다. 아내를 사랑하는 남자는 결국 자기 자신을 사랑하는 것이기 때문이다(엡 5:28). 이렇게 그리스도께서는 자기 신부 가운데서 영광을 받으신다. "디도로 말하면 나의 동료요 너희를 위한 나의 동역자요 우리 형제들로 말하면 여러 교회의 사자들이요 그리스도의 영광이니라"(고후 8:23). "내 것은 다 아버지의 것이요 아버지의 것은 내 것이온데 내가 그들로 말미암아 영광을 받았나이다"(요 17:10).

하나님의 큰 목표는 자기 아들의 영광과 관련 있기에(골 1:16), 이 아들께서는 자신이 대신 죽어 주신 사람들 가운데서 영광을 받으셔야 한다. 그리스도께서는 교회를 정결하고, 아름답고, 거룩하게 하신다. 남편(아내)은 모두 자기 아내(남편)의 상황이 더 좋아지기를 바란다(적어도 그렇게 바라야 한다). 하지만 대개의 경우 우리는 실패한다. 왜냐하면 우리에게는 그렇게 해 줄 능력이 없기 때문이다. 하지만 그리스도는 우리와 입장이 다르다. 그리스도에게는 우리를 아름답게 만들 능력이 있으며, 그뿐만 아니라 그리스도께서는 지금도 기꺼이 그렇게 해 주려고 하신다.

우리의 선행이 이뤄지는 것은 바로 그 일이 가능할 수 있도록 하기 위해 그리스도께서 살고 죽으셨기 때문이다. 베드로는 그리스도께서 "친히 나무에 달려 그 몸으로 우리 죄를 담당하셨으니 이는 우리로 죄에 대하여 죽고 의에 대하여 살게 하려 하심이라 그가 채찍에 맞음으로 너희는 나음을 얻었"다고 선언한다(벧전 2:24). 달리 말해, 그리스도께서 죽으심으로 우리가 선행을 할 수 있고, 선행을 하고자 한다는 것이다. 그리스도의 죽으심은 헛되지 않을 것이다. 우리의 선행에 상급을 주시려고 하나님께서 자기 아들의 행위에 기쁨을 표현하시기 때문이다.

하나님께서 우리의 선행에 상급을 주신다는 것을 하나님께서 자기 아들의 행위를 높이신다는 관점에서 생각하면, 상급이라는 이 문제에 관해 아마 걱정이 좀 줄어들 것이다. 하나님께서 그리스도의 이름으로 우리가 행한 선한 일에 상급을 주심으로써 자기 아들을 높이시고 상을 주신다고 생각하면 정말 놀랍다. 이렇게 생각하면 상급에 대해 지나치게 인간 중심적인 태도를 피할 수 있고, 이 중요한 교리에 접근할 때 좀 더 그리스도 중심적으로 초점을 맞추게 된다. 선행에 대해 말하는 이들은 하나님께서 우리를 통해 자기 아들을 높이신다는 사실에 특별히 초점을 맞춰야 한다는 점을 어쩌면 놓쳐 왔다. 어떤 경우든, 이 점을 언급하지 못하면 이 교리의 영광을 어설프게 설명하는 셈이 된다.

너희는 육체 가운데 있지 않고 성령 가운데 있다

『웨스트민스터 신앙 고백서』는 그리스도인들이 "절대 자기 자신이 아니라 전적으로 그리스도의 성령에게서"(WCF 16장 3항) 능력을 얻어 선한 일을 할 수 있음을 강조한다. 이는 무기력이 아니라 활발한 활동으로 이어진다. 하지만 그런 선행은 우리의 힘에서만 나올 수가 없다. 행위는 실로 여전히 우리의 행위이지만 능력은 하나님에게서 온다.

우리 안에 성령이 임재하셔서 우리로 하여금 선한 일을 행할 수 있게 하시는 것이 하나님께서 신자의 선행을 인정하시고 상급을 주시느냐의 여부에 중요한 역할을 한다. 성령께서는 우리가 하나님의 명령에 맞춰 선한 일을 할 수 있게 하신다. 우리는 단순히 '겉으로만'이 아니라, 변화된 마음 덕분에 '내면으로' 순종한다. 즉, 우리의 모든 선행에는 사랑이 뿌리내리고 있어야 한다. 그렇지 않으면 그 행위는 선한 행위가 되지 못한다.

성령의 열매는 사랑이다. 성령을 소유하면 반드시 사랑을 소유하게 되어 있다. 그러므로 우리는 그리스도의 영에 의해 변화된 마음을 지닌, 사랑할 줄 아는 피조물로서 순종한다. 이 사실에 비춰 볼 때, 한 가지 근본적인 사실을 명확히 해 둘 필요가 있다. 하나님께서 우리의 행위를 인정하시고 상급을 주시는 것은 우리 자신에게 있는 어떤 본래적 덕목 때문이 아니라 우리의 선행이 성령의 권능으로 행해지기 때문이다. 그 결과, 성령께서 이루신 우리의 선한 행위를 하나님께서 퇴짜 놓으신다면 이는 우리를 거부하시는 것일 뿐만 아니라 하나님 자신을 거부하시는 셈일 것이다.

정리하자면, 하나님께서는 그리스도 안에서 우리의 선행을 보실 뿐만 아니라 성령 안에서도 보신다. 에스겔은 여호와의 말씀을 아래와 같이 전한다(겔 36:26-30).

"또 새 영을 너희 속에 두고 새 마음을 너희에게 주되 너희 육신에서 굳은 마음을 제거하고 부드러운 마음을 줄 것이며 또 내 영을 너희 속에 두어 너희로 내 율례를 행하게 하리니 너희가 내 규례를 지켜 행할지라 내가 너희 조상들에게 준 땅에서 너희가 거주하면서 내 백성이 되고 나는 너희 하나님이 되리라 내가 너희를 모든 더러운 데에서 구원하고 곡식이 풍성하게 하여 기근이 너희에게 닥치지 아니하게 할 것이며 또 나무의 열매와 밭의 소산을 풍성하게 하여 너희가 다시는 기근의 욕을 여러 나라에게 당하지 아니하게 하리니"

하나님께서는 자기 백성들에게 "새 마음"과 "새 영"이 있을 것을 약속하신다. 그래서 이들은 하나님의 명령에 따라 행할 수 있다. 하나님께서는 이들이 스스로는 할 수 없는 일을 대신 떠맡아 하신다. 그렇다면, 하나님께서 자기 백성들에게 하신 약속에 비춰 볼 때, 하나님이 이들의 순종을 받아들이지 않으신다는 것은 매우 이상한 일일 것이다. 그런데 하나님은 죄인들을 향해 넘치는 은혜를 보여 주시려고 심지어 이들에게 이 세상에서의 복으로 상 주겠다 약속하시기까지 한다(29-30절).

성령 안에 있는 자들로서 우리는 그리스도께 속해 있으며, 그리스도께서도 성령을 통해 우리 안에 거하신다(롬 8:9-10). 우리의 정체는 변했고, 우리의 행동 원리는 근본적으로 달라졌다. 하나님을 기쁘시게 할 수 없는 존재(롬 8:8)에서 이제 우리는 "구원받는 자들에게 … 하나님 앞에서 그리스도의 향기"(고후 2:15)로서 하나님을 기쁘시게 할 수 있다(살전 2:4).

3.
선행의 구성 요소는 무엇인가?

 선행에 대해 상급 받기를 진심으로 원한다면, 먼저 하나님이 생각하시는 선행이란 어떤 것인지를 알 필요가 있다. 우리가 어떤 일을 선한 일로 여길지라도 그 일이 하나님께서 명하신 일이 아니면 이 일에 대해 상급 받기를 확신할 수 없다.『웨스트민스터 신앙고백서』(16장 1-2항)에서 보다시피, "선행이란 하나님께서 자신의 거룩한 말씀에서 명하신 그런 행위만을 말한다. … 이 선행은 하나님의 계명에 순종하여 행해진 행위로서, 참되고 살아 있는 믿음의 열매이자 증거다."

 무엇이 선행의 구성 요소인지는 하나님만이 정하신다. 하나님께서 선행을 인정하시고 상을 주신다면, 어떤 행위가 선행으로서의 자격이 있는지를 하나님께서 결정하셔야 한다. 아주 간단히 말해, 새 언약 관계에 있는 그리스도인에게는 십계명(출 20:1-17)이 선행의 구성 요소에 관한 지침을 제공한다. 각 계명의 긍정적 측면을 포함해 이 모든 계명을 폭넓게 적용할 때 선행이 이루어진다. 십계명은 신약성경에서 모두 재확인된다. 예를 들어 디모데전서 1:8-11은 십계명 대부분이라 할 수 있는 내용을 우리에게 제시한다.

"[8]그러나 율법은 사람이 그것을 적법하게만 쓰면 선한 것임을 우리는 아노라 [9]알 것은 이것이니 율법은 옳은 사람을 위하여 세운 것이 아니요 오직 불법한 자와 복종하지 아니하는 자와 경건하지 아니한 자와 죄인과 거룩하지 아니한 자와 망령된 자와 아버지를 죽이는 자와 어머니를 죽이는 자와 살인하는 자며 [10]음행하는 자와 남색하는 자와 인신매매를 하는 자와 거짓말하는 자와 거짓 맹세하는 자와 기타 바른 교훈을 거스르는 자를 위함이니 [11]이 교훈은 내게 맡기신 바 복되신 하나님의 영광의 복음을 따름이니라"

그렇다면, 다음을 보라.

제5계명 = 9절 "아버지를 죽이는 자와 어머니를 죽이는 자"
제6계명 = 9절 "살인하는 자"
제7계명 = 10절 "음행하는 자"

제8계명 = 10절 "인신매매를 하는 자"
제9계명 = 10절 "거짓말하는 자와 거짓 맹세하는 자"

신약성경 다른 곳에서도 바울은 모세가 이스라엘 백성에게 처음 전했던 말씀의 형식과 일치하는 명령을 기독교 신자들에게 글로 전한다. 물론 때로는 하나님의 율법을 적용하는 것에 대해 일반적으로 이야기하기도 한다. "온 율법은 네 이웃 사랑하기를 네 자신같이 하라 하신 한 말씀에서 이루어졌나니"(갈 5:14). 하지만 로마서 13:8-10은 십계명의 형식을 보여 준다.

"피차 사랑의 빚 외에는 아무에게든지 아무 빚도 지지 말라 남을 사랑하는 자는 율법을 다 이루었느니라 간음하지 말라, 살인하지 말라, 도둑질하지 말라, 탐내지 말라 한 것과 그 외에 다른 계명이 있을지라도 네 이웃을 네 자신과 같이 사랑하라 하신 그 말씀 가운데 다 들었느니라 사랑은 이웃에게 악을 행하지 아니하나니 그러므로 사랑은 율법의 완성이니라"

에베소서 6:2-3도 이렇게 말한다. "네 아버지와 어머니를 공경하라 이것은 약속이 있는 첫 계명이니 이로써 네가 잘되고 땅에서 장수하리라." "잘되고"라는 실제 표현이 십계명에서 온 말이라는 점에 주목하라.

하나님의 요구 사항은 십계명보다 많지 않지만 그렇다고 십계명보다 적지도 않다. 하지만 계명을 너무 편협하게 보아서는 안 된다. 예를 들어 에베소서 4장에서 바울은 하나님께서 자신의 계명에서 사실상 무엇을 요구하시는지를 보여 준다.

> "[25]그런즉 거짓을 버리고 각각 그 이웃과 더불어 참된 것을 말하라 이는 우리가 서로 지체가 됨이라 … [28]도둑질하는 자는 다시 도둑질하지 말고 돌이켜 가난한 자에게 구제할 수 있도록 자기 손으로 수고하여 선한 일을 하라 [29]무릇 더러운 말은 너희 입 밖에도 내지 말고 오직 덕을 세우는 데 소용되는 대로 선한 말을 하여 듣는 자들에게 은혜를 끼치게 하라"

뭔가가 금지되면("거짓을 버리고") 반드시 그 반대의 내용이 명령된다("참된 것을 말하라"). 예를 들어, 제8계명은 도둑질을 금하지만 관대한 베풂을 명하기도 한다. 제9계명은 거짓말을 금할 뿐만 아니라 진실을 말할 것을 명한다.

> 십계명은 단지 명령 자체만이 아니라 그 이상을 포괄한다. 계명이 긍정적인 면과 부정적인 면을 모두 포함한다는 사실이 내가 그리스도인의 삶을 보는 방식에 어떻게 영향을 끼치는지 생각해 보라.

나무도 좋고 열매도 좋다 하든지

앞에서 본 것처럼, 하늘에 계신 우리 아버지께서는 순전히 은혜를 바탕으로 우리에게 이름과 호칭을 주시고 우리가 어떤 존재인지를 설명하신다. 그리스도인은 그리스도와의 연합 덕분에, 그리고 그 연합이 뜻하는 그 모든 것(즉, 성령을 소유하게 되는 것) 덕분에 마음이 정결하고 의롭고 선한 자로 묘사된다. 선한 자만이 선한 일을 할 수 있다. 그래서 그리스도께서는 열매를 보아 나무를 알 수 있다고 하신다. 사람의 입에서 나오는 말은 그 사람의 마음을 반영한다(마 12:35-37).

> "선한 사람은 그 쌓은 선에서 선한 것을 내고 악한 사람은 그 쌓은 악에서 악한 것을 내느니라 내가 너희에게 이르노니 사람이 무슨 무익한 말을 하든지 심판 날에 이에 대하여 심문을 받으리니 네 말로 의롭다 함을 받고 네 말로 정죄함을 받으리라"

육체 가운데 있는 이는 하나님을 기쁘시게 할 수 없다. 이들은 악하다. 인격이 행위를 결정한다. 악한 사람은 악한 일을 하고, 선한 사람은 선한 일을 한다. 그리스도께서는 아주 명시적으로 말씀하신다. "선한 사람은 그 쌓은 선에서 선한 것을 내고"(마 12:35).

이는 우리 그리스도인의 윤리와 엄청난 실제적 연관성을 지닌

다. 우리는 악한 사람을 향해 선하게 행동하라고 명령하는가? 사람이 선한 사람일 수 있으려면 먼저 회개하고 사함을 받아야 한다. 이들에게는 그리스도를 통해 하나님께서 이들을 받아들여 주심이 필요하다. 이들은 성령을 받을 필요가 있다. 이들이 선에 대해 생각할 수 있으려면 먼저 하나님께서 이들을 선하게 만들어 주실 필요가 있다. 하지만 하나님께서 일단 어떤 사람을 은혜로 대하시고 그 사람을 하나님 자신으로 충만케 하시면, 그 사람은 곧 선한 사람이라고 성경은 분명히 말한다. 그러므로 그 사람은 자기 모습 그대로 살아야 한다. 우리는 마음에 가득한 것을 바탕으로 말하고 행동한다.

믿음이 없이는 하나님을 기쁘시게 하지 못하나니

덧붙여서, 선한 행위는 믿음으로 행해야 한다. 그리스도인의 삶은 믿음으로 시작해, 믿음으로 계속되고, 믿음으로 끝난다. 우리는 하나님의 아들을 믿는 믿음 안에서 산다(갈 2:20). 실로 "믿음이 없이는 하나님을 기쁘시게 하지 못하나니 하나님께 나아가는 자는 반드시 그가 계신 것과 또한 그가 자기를 찾는 자들에게 상 주시는 이심을 믿어야" 한다(히 11:6).

하나님께서는 우리가 믿음으로 행한 행위에 기뻐하신다. 하나님이 계심을 믿으며 믿음으로 하나님께 가까이 나아갈 때 우리는 하나님께서 상 주실 것을 확실히 바라며 그렇게 한다. 참믿음이 있는 곳에는 반드시 상이 있다. 믿음의 행위에 대해 상을 주신다고 하나님께서 약속하셨기 때문이다.

히브리서 11장은 모세를 믿음으로 산 사람으로 제시한다. 애굽에 있을 때 모세는 바로의 딸의 아들로 불리기보다는 차라리 고생하며 사는 쪽을 택함으로써 제1계명을 지켰다. 믿음으로 모세는 하나님 백성이 아닌 사람들보다는 하나님과 하나님의 백성인 사람들과 일체가 되었다. 좀 더 구체적으로, 모세는 "그리스도를 위하여 받는 수모를 애굽의 모든 보화보다 더 큰 재물로 여겼으니 이는 상 주심을 바라"보았기 때문이었다(히 11:26).

모세는 하나님 우선이었고, 그래서 하나님만이 주실 수 있는 상급, 즉 애굽의 보화가 아니라 영생을 바라보았다. 하나님께서 모세의 결단을 못마땅해하셨다거나 혹은 모세의 결단이 어떤 의미에서든 바람직하지 않았다는 것은 상상할 수 없는 일이다. 모세도 사람인지라 당장 누릴 수 있는 영광에 다분히 마음이 끌렸을 것이다. 하지만 모세는 하나님을 우선했고, 그 결과 고난을 겪었다. 하나님을 우선하면, 눈앞의 결과는 비록 고통스럽고 힘들지 몰라도 절대 손해를 입을 리가 없다. 이것이 우리의 소망이다. 하나님을 향한 사랑을 바탕으로 믿음으로 살면, 하나님께 대한 충성이 시험을 받는 상황에서도 우리가 그렇게 하나님을 우선한 때가 있었던 것에 대해 하나님께서는 언젠가 상을 주실 것이다.

주 네 하나님을 사랑하라

모든 선한 일은 하나님의 명령에 따라 믿음으로 행해야 한다. 하지만 그게 전부가 아니다. 우리의 선한 행위가 받아들여지고 상급을 받으려면 하나님과 그리스도를 향한 사랑이 있어야 한다.

잘 알려진 예를 들어 보자면, 마르다의 동생 마리아는 사람들 앞에서 그리스도의 머리에 값비싼 향유를 부었고, 이 광경을 보고 사람들은 분개했다. 그러자 그리스도께서는 마리아의 행위를 가리켜 "좋은 일"(막 14:6)이라고 하심으로써 마리아의 사랑에 화답하신다. 마리아는 아주 호사스러운 방식으로 그리스도의 몸에 기름을 부어 장례를 준비했다. 이로써 마리아가 받은 상급은 무엇인가? "내가 진실로 너희에게 이르노니 온 천하에 어디서든지 복음이 전파되는 곳에는 이 여자가 행한 일도 말하여 그를 기억하리라 하시니라"(막 14:9).

마리아는 자기 개인의 부와 위안보다 그리스도를 먼저 생각했다. 그리고 바로 그 이유로 구주께서는 마리아의 이름과 행위가 성경과 교회 역사에 새겨지게 하심으로써 마리아에게 상을 주셨다. 마리아의 행동은 (값비싼 향유를 붓는) 믿음과 (그리스도를 향한) 사랑에서 나왔다.

사랑을 바탕으로 하나님께 순종할 때 우리는 히브리서 기자가 "하나님은 불의하지 아니하사 너희 행위와 그의 이름을 위하여 나타낸 사랑으로 이미 성도를 섬긴 것과 이제도 섬기고 있는 것을 잊어버리지 아니하시느니라"(히 6:10)라고 알려 주었을 때 이 편지 수신인들이 받은 것과 똑같은 약속을 받을 것이다. 하나님께서는 우리가 하나님의 이름을 위해 타인에게 사랑으로 행한 일을 "잊어버리지 아니하"실 것이다.

믿음·소망·사랑은 그리스도인의 삶을 이루는 신학적 덕목들이다. 흔히들 말하기를, 믿음과 소망은 개인적 이득을 위해 행할 수 있지만 사랑은 언제나 하나님이든 이웃이든 다른 누군가의 유익을 염두에 둔다고 한다. 하나님은 사랑으로 행한 일에 상을 주기를 사랑하신다.

모든 일을 하나님의 영광을 위해 하라

『하이델베르크 요리 문답』 91문답은 아래와 같다.

문: 선한 행위란 무엇인가?
답: 참된 믿음에서, 하나님의 율법에 따라, 그리고 하나님의 영광을 위해 행하는 것만이 선한 행위이며, 우리 자신의 의견이나 인간의 교훈에 근거한 것은 선한 행위가 아닙니다.

이 문답은 중요한 주장을 하고 있다. 선한 행위는 하나님의 영광을 위해 행해져야 한다는 것이다. 앞에서 살펴본 것처럼, 그리스도의 영광은 선행이 단순히 요망사항이 아니라 필수사항이 되는 한 이유다.

어떤 이들은 이 점을 이렇게 추론한다. 우리가 선한 행위를 하고 그 행위에 대해 상급을 받는다면 이는 교만으로 귀결될 수 있다고 말이다. 맞는 말이다. 하지만 우리가 행하는 모든 일에서 하나님의 영광을 위해 살지 않는다면 어떤 일이든 선하다고 말할 수 없다. 하나님과 그리스도를 위해 사는 것이 지금도 여전히 죄 된 교만에 대한 최상의 대책이다. 교만은 우리가 행위 가운데 하나님의 영광을 추구하지 않을 때 그 결과로 발생한다.

하나님을 영화롭게 하려는 소망은 하나님께 대한 사랑에서 나오며, 이는 선한 결말로, 즉 하나님의 영광으로 이어진다. 선행에는 다른 목표도 있다. 이를테면 우리의 구원(즉, 생명에 이르는 좁은 길로 들어가는 것)과 타인의 구원을 추구하는 것(딤전 4:16)이 그런 목표다. 하지만 최고의 목표는 하나님의 영광이다.

그리스도께서는 외식하는 자들이 남들 보는 앞에서 자기의 선한 행위를 드러내는 것을 혹독하게 비난하시면서 선행과 관련해 '자기'(self) 문제를 말씀하신다. "그러므로 구제할 때에 외식하는 자가 사람에게서 영광을 받으려고 회당과 거리에서 하는 것같이 너희 앞에 나팔을 불지 말라 진실로 너희에게 이르노니 그들은 자기 상을 이미 받았느니라"(마 6:2). 외식하는 자들은 자기 영광을 구하며, 그래서 "자기 상을 이미 받았"으나, 사실 이는 상과는 거리가 멀었다.

어떤 이들은 바리새인처럼 "사람의[사람에게서 오는] 영광을 하나님의[하나님에게서 오는] 영광보다 더 사랑"한다(요 12:43). 이들은 하나님을 영화롭게 하지 못하고, 그래서 인간에게서 오는 영광을 상으로 받는다. 외식하는 자처럼 인간의 칭찬을 추구하고, 그 대신 하나님을 언짢으시게 만든다면 이는 우리를 위험에 빠뜨리는 행동이다. 그리스도께서도 친히 하나님은 미소 짓게 만드시고, 다른 한편으로 인간은 얼굴을 찌푸리게 만드신 적이 많았다. 하지만 그리스도께서는 자기 상급이 하나님께 있음을 알고 계셨다(사 49:4).

그러므로 기도를 하든, 무엇을 마시든, 웃든, 혹은 다른 무엇을 하든 우리는 하나님의 영광을 위해서 해야 한다. 그렇지 않으면 그것은 우리 자신이나 다른 누군가의 영광을 추구하는 행위다. 친히 하나님 아버지께 순종하실 때 우리 구주께서는 이 원리를 잘 이해하고 계셨다. "아버지께서 내게 하라고 주신 일을 내가 이루어 아버지를 이 세상에서 영화롭게 하였사오니"(요 17:4).

 그리스도인들이 선한 일을 할 수 있음은 그리스도 안에 있는 우리 존재 때문이다. 하나님께서 그리스도인의 본성을 변화시키셔서, 우리 안에 믿음이 생겨나게 하시고, 우리가 순종을 통해 하나님께 대한 우리 사랑을 표현할 수 있게 하신다.

4.
인간이 하나님 앞에 공로를 쌓을 수 있을까?

선행과 상급에 관해 성경이 전해 주는 명쾌한 가르침을 생각하다 보면 이렇게 묻고 싶을 수도 있다. "인간이 하나님에게서 상급을 받을 만한 공로를 쌓을 수 있을까?" 최근의 몇몇 신학자들은 아담의 공로 개념에 호소함으로써 이신칭의를 옹호하려고 한다. 이들은 아담의 성실한 순종이 영생이라는 상급을 받을(획득할) 만하다고 여긴다.

인간과 하나님 사이의 공로라는 신학적 개념을 어떻게 이해해야 할까? 에덴동산에서 아담은 하나님 앞에 어떤 공로든 공로를 쌓을 수 있었을까? 첫 번째 질문을 이해하면 두 번째 질문에 답변하는 데 도움이 된다.

폴란드의 개혁파 신학자 요하네스 마코비우스(Johannes Maccovius:

1588-1644)의 말에 따르면, 어떤 일이 공로로서의 가치가 있으려면 다음 네 가지 요건이 충족되어야 한다고 한다.

1. 타인의 신세를 지지 않은 일이어야 한다.
2. 자격을 갖춘 사람의 능력에서 빚어진 일이어야 한다.
3. 그 행위/일은 그 일에 공로가 있다고 여기는 분[즉, 하나님]에게 어떤 식으로든 유익이 되어야 한다.
4. 상급이 공로보다 커서는 안 된다.[6]

웨스트민스터 총회 신학자 오바디야 세즈위크(Obadiah Sedgwick: 1600-1658)도 공로에 대해 비슷한 입장을 밝혔다.

1. 오푸스 인데비툼(opus indebitum), 즉 누구에게도 신세지지 않은 일이어야 한다. 신세를 지는 사람은 마땅히 일해야 할 만큼 외에는 더 하지 않으며, 겪어서 마땅한 일을 겪는 사람은 자기 행동이나 자기가 겪은 일로 인해 그 어떤 공로로 쌓지 못하기 때문이다.
2. 오푸스 페르펙툼(opus perfectum), 즉 완벽한 일이어야 한다. 완벽한 일에 대해서는 어떤 이의도 제기할 수 없다. 부족하거나 결함 있는 일치고 공로 있는 일은 없다.
3. 오푸스 인피니툼(opus infinitum), 즉 무한한 일이어야 한다. 무한한 진가와 가치를 지닌 일은 공의 앞에 설 수 있을 뿐만 아니라, 공의를 내세워 변론할 수 있고, 행하거나 겪은 일의 위엄을 위해

공의를 요구할 수도 있다.[7]

공로 있는 일을 구성하는 이 세 가지 요건은 인간으로서는, 특히 내재하는 죄가 있는 인간으로서는 충족시키기 불가능하다.

이와 더불어, 『웨스트민스터 소요리 문답』에 관한 논의에서 제임스 피셔(James Fisher)는 아담의 순종과 약속된 생명 사이에는 아무런 비례 관계가 존재하지 않는다고 주장한다. 당대와 선대의 여러 신학자들과 마찬가지로 피셔도 하나님께서 주신 생명은 그 생명을 얻기 위해 아담이 바쳤던 순종보다 무한히 더 가치가 크다고 보았다. 그러므로 아담은 영생을 얻을 만한 공로를 세울 수 없었다. 왜인가? "완벽한 순종은, 아담이 날 때부터 하나님께 의존된 존재였다는 사실 때문에, 아담의 당연한 의무에 지나지 않았기 때문이다."[8] 앤서니 버지스(Anthony Burgess)는 아담이 행위 언약 가운데 있긴 했지만 "하나님께서 주고자 하셨던 그 행복을 획득할 만한 공로는 쌓을 수 없었다."[9]라고 인정한다. 인간을 향한 하나님의 은혜는 "무한히 선하며, 우리가 행하는 일은 다 유한하다."[10] 우리의 행위와 하나님의 상급 사이에는 언제나 불균형이 존재할 것이며, 그러므로 이 사실은 단순한 인간인 우리가 공로 있는 행위를 할 수 있다는 사실을 배제한다.

아담은 자기 자신의 능력이 아니라 하나님께서 주신 능력으로 순종했다. 아담은 원래 (순전히 자기 힘으로만 순종하는) 펠라기우스주의자로 성공해야 할 사람이 아니었다. 윌리엄 에임스(William Ames)를 비롯해 그 시대의 다른 여러 신학자들은 아담이 동산에서 살 수 있었던 것은 은혜 덕분이었고, "죄를 짓기 전에는 그 은혜를 상실하지 않았다."라고 주장했다.[11] 에임스만 이런 주장을 한 게 아니다. 행위는 진짜 아담의 행위였으나, 이는 오직 하나님께서 아담 안에서 이 행위를 이루셨기 때문이었다.

달리 말해, 모든 인류가 그래야 하듯 아담은 하나님께 순종하며 살도록 정해져 있었다. 하지만 아담과 하나님의 관계는 일종의 친구 관계로, 이 관계에 의해 하나님은 아담이 믿음·소망·사랑을 소유할 수 있게 하심으로써 아담이 좋은 친구가 될 수 있게 하셨다(그런 선물을 주셨다). 아담은 하나님이 모든 면에서 자신을 선대(善待)하셨다는 것을 잘 알고 있었다. 설령 하나님에게서 아무것도 받지 못했을지라도 아담은 여전히 상급을 받을 만한 공로를 쌓을 수 없었다. 아담의 행위는 여전히 응당 해야 할 일이었고, 무한하지 않았기 때문이다. 결국 모든 일에서 하나님께 의존되어 있는 사람은 자기 자신에게서 뭔가 공로가 될 만한 일을 이끌어 내기가 불가능하다.

그리스도는 영광을 받으실 만한 공로가 있다

두 번째 아담(롬 5:14; 고전 15:45)으로서 그리스도께서는 첫 번째 아담과 달리 하나님 앞에 공로를 쌓을 수 있었다. 하지만 언약의 조건을 지키기 위해서는 그리스도 역시 은혜의 습관을 부여받았다. 다시 말해, 아담-그리스도 평행을 유지하기 위해 우리는 이 아담과 그리스도에게 주어진 은혜 개념을 포기해서는 안 되고 오히려 이를 확언해야 한다. 정말로 이상한 것은, 두 아담 사이에 평행 관계가 있다는 것은 그리스도께서 하나님의 은혜를 받지 못했으므로 아담도 하나님의 은혜를 받을 수 없었다는 뜻이라고 추정하는 이들이 있다는 점이다. 이는 하나님이 어떤 의미에서도 그리스도에게 은혜롭지 않으셨다는 치명적 가설에 근거한 입장이다.

그리스도는 왜 공로를 쌓으실 수 있었고 아담은 왜 그럴 수 없었는지에 대해서는 중요한 기독론적 이유가 있다. 무엇이 공로 행위를 구성하는지를 고전적 개혁파 교리에 따라 이해한다면, 대답은 아주 단순하다. (신인으로서) 그리스도의 위격이 지닌 위엄이 왜 그리스도가, 왜 그리스도만이 하나님 앞에 공로를 쌓을 수 있는지를 설명해 준다. 그리스도께서는 우리와 달리 무엇에도 구애받지 않고 완벽한 일을 이루신다.

성부께서는 성자에게 성령을 부어 주사 성자에게 주어진 일을 이행할 수 있게 하심으로써 자신의 종 성자를 지지해 주셨으며(사

42:1), 이렇게 성령을 부어 주심은 영원한 구속 언약이라는 협약에서 비롯된다.

누가복음에서 우리는 그리스도에 대해 이런 말씀을 본다. "아기가 자라며 강하여지고 지혜가 충만하며 하나님의 은혜(카리스, charis)가 그의 위에 있더라 … 예수는 지혜와 키가 자라가며 하나님과 사람에게 더욱 사랑스러워(in favor with, 카리티[chariti]) 가시더라"(눅 2:40, 52).

누가는 예수님이 더욱 사랑스러워져(카리티, 헬라어 '카리스'에서 온 말) 갔다고 말한다. 이는 여러 영역본 성경이 말하는 것처럼 '은총'(favor)을 뜻하는가? 아니면 우리는 이 헬라어를 '은혜'(grace)로 번역해야 할까? 다수의 역본이 누가복음 2:40의 '카리스'를 은혜로 번역한다(예를 들어 NIV, NASB, KJV). 하나님의 은혜가 단순히 구속 역사 시대에 택자들을 향한 하나님의 선함만이 아님을 안다면, 어떤 표현을 쓰느냐에 관해 너무 민감할 필요가 없다. 또한 은혜란 단순히 죄지은 자들에게만 주어지지는 않는다. 물론 죄의 정황에서 은혜에 대해 말하지만, 이는 분명 성경 대부분이 죄의 정황에서 인간을 대하고 있기 때문이다.

하나님이 예수께 "은혜로우신" 것은 하나님이 피조물에게 은혜로운 분이기 때문일 수 있다. 죄를 범한 자들까지도 은혜로 대하시는 하나님이시니 사랑하는 자기 아들에게는 얼마나 더하겠는가? 하나님은 자기가 좋아하는 아들에게 은총을 보이셨다. 그리스도의 인성은 성화되어 은혜로 충만했다(갈 5:22). 존 오웬의 말처럼, "목숨과 생각과 뜻과 성정의 기능이 마치 하나님께서 직접 창조하실 때 어떻게 다르게는 창조하실 수 없었던 것처럼 본래부터 순결하고 무구하고 더럽혀지지 않게 창조되었다고 해 보라. 그래도 이성을 지닌 피조물이 하나님을 지향하며 살 수 있기에는 충분치 않은데, 이는 예수 그리스도 안에 있는 모든 것에 훨씬 못 미쳤다."[12] 마찬가지로, 헤르만 바빙크(Herman Bavinck)도 이렇게 말한다. "일반적으로 인간이 성령 없이는 하나님과 교제할 수 없다고 한다면, 이는 그리스도의 인성에 훨씬 더 강력하게 적용된다."[13]

공로는 남의 힘을 빌리지 않는 어떤 것이어야 한다. 그리스도께서는 우리 대신 순종하러 자발적으로 오셨다. 따라서 그리스도의 순종은 누구에게도 신세지지 않은 순종이었다. 그리스도께서는 자신을 율법 아래 처하게 하셨지만(갈 4:4) 아담은 스스로 행위 언약의 율법 아래 있겠다고 자발적으로 결단하지 않았다.

공로는 그 공로를 행할 자격이 있는 사람의 능력에서 발생해야 한다. 그리스도께서는 아버지의 은혜, 곧 성령의 은혜에 의존했지만, 존재론적으로 말해 하나님의 뜻과 본질은 하나이며, 그래서 그리스도의 공로는 "공로를 세울 자격이 있는 분의 능력에서" 비롯되었다. 에덴동산에서 성령께서 아담을 붙잡아 주셨지만 그것은 아담의 성령이 아니었다. 그리스도도 성령께서 붙잡아 주셨으되, 이 성령은 그리스도의 성령이었다.

공로 있는 순종에 대해 그리스도에게 주어진 상은 그리스도의 이름에 따를 영광 때문에 그리스도에게 쓸모 있는 상이었다. 하나님은 자기 영광에 대해 질투하는 분이시며, 그래서 그리스도께서 영광을 얻으실 만한 공로를 세웠을 때 하나님의 영광을 나눠 가지는 것에 대해 하나님의 우려 같은 것은 없었다.

마지막으로, 그리스도에게 주어진 상급은 그리스도께서 이행하신 일과 균형을 이룬다. 아담이 천국의 생명을 받았다고 할 경우, 아담의 상급은 그가 "행한 일"에 비해 훨씬 더 컸다고 할 수 있다. 그리스도께서 하신 일은 우리가 상상할 수 있는 가장 가혹한 형편에서 이뤄졌고, 그리스도께서 하신 일은 큰 상을 받을 만큼 컸다.

아담의 '공로'에 대해 말할 수 있는 유일한 방법은, 공로 있는 일을 구성하는 게 무엇인가에 관한 고전적 정의를 포기하고, 일부 사람들이 일컫는 '팍툼 메리트'(*pactum merit*, 언약 공로)의 관점에서 공로라는 말을 부적절하게 쓰는 방법뿐이다. 이 표현을 쓰는 것은 아담이 공로라는 말의 엄격한 의미상 공로를 세우지는 못했지만 그래도 이행된 일에 대해 상급을 받았기 때문이다. 어떤 표현을 쓰기로 결정하든, 우리가 부정하는 게 무엇인가 하는 것뿐만 아니라 우리가 확언하는 게 무엇인가도 분명히 해야 한다. 신학에는 용어가 풍성하다. 하지만 단지 표현에만 만족해서는 절대 안 되며, 그 표현이 무슨 의미인지 설명하는 것을 목표로 해야 한다.

인간이 하나님 보시기에 공로를 세울 수 없음은, 우리가 피조물이고 그래서 우리의 순종은 하나님께서 우리에게 상급을 주실 만큼의 가치가 없기 때문이다. 반면 예수님은 하나님이시기에, 예수님의 순종에는 무한한 진가가 있고 상급을 받을 만한 가치가 있다. 한마디로, 우리는 공로를 쌓을 수 없지만 예수님은 공로를 쌓을 수 있다.

오호라 나는 곤고한 사람이로다

아담이 무죄한 상태에서도 하나님 앞에 공로를 세울 수 없었다면 하물며 여전히 죄인인 우리는 얼마나 더 그렇겠는가? 『웨스트민스터 신앙 고백서』는 공로와 관련해 몇 가지 중요한 주장을 한다(WCF 16장 5항).

우리의 최고 선행과 장차 있을 영광 사이의 큰 불균형 때문에, 그리고 우리와 하나님 사이의 무한한 거리 때문에, 우리는 우리의 최고 선행으로써 하나님에게 죄 사함이나 영생을 요구할 수 있는 공로를 쌓을 수 없으며, 그 선행으로 하나님께 이득을 드릴 수도 없고 우리가 전에 범한 죄의 빚을 갚을 수도 없다. 우리가 할 수 있는 모든 일을 다 했어도 그것은 무익한 종으로서 그저 우리의 의무를 행했을 뿐이다. 이는 우리의 행위가 선한 한, 그 행위는 하나님의 성령에게서 비롯되기 때문이며, 우리가 선한 행위를 할 때 그 행위는 우리의 수많은 연약함 및 불완전함과 뒤섞여 하나님의 엄중한 심판을 견뎌 낼 수 없기 때문이다.

말하자면, 우리의 행위가 선하긴 하지만 어떤 의미에서도 공로가 있을 수는 없다는 것이다. 우리의 선한 행위는 여전히 더럽혀져 있고 불완전함이 뒤섞여 있어, 그 자체로는 하나님에게서 그 어떤 칭찬도 받을 만하지 못하다. 하나님의 은혜가 아니면 우리의 행위는 믿음과 상관없이 외식에서 나온 것으로, 더러운 옷과 같다(사 64:6).

덧붙여 말하자면, 우리가 인간의 공로를 거부하기 때문에 우리는 하나님께서 우리의 불완전한 행위를 받아들여 주시고 그 행위에 상급을 주신다고 단언할 수 있다. 하나님께서는 공로의 원칙에 근거해서가 아니라, 그보다는 은혜를 따라서 우리와 관계를 맺으신다. 하나님은 심지어 아담과도 은혜를 따라서 관계를 맺으셨다. 사실, 그 관계에 자비의 은혜는 없었지만, 아담이 완전하고 영원히 순종하고자 했던 것은 오로지 하나님께서 그렇게 할 수 있게 해 주셨기 때문이다. 그리고 만약 아담이 상을 받았다면 이는 은혜의 상이었다. 왜냐하면 아담은 영생이라는 그런 상을 받을 만한 공로를 세울 수 없었기 때문이다.

5.
하나님께서 약속하신 상급

여러 성경 구절들이 하나님과 그리스도께서 신실한 자에게 상급을 주신다는 것에 대해 말한다. 이는 수많은 신비에 싸여 있어 도무지 다룰 수 없는 교리가 아니다. 그리스도와 사도들은 하나님께서 순종하는 자녀에게 상 주신다는 개념을 피하지 않는다. 사실 이들은 상급에 대해 거침없이, 자주 이야기하며, 대개 이생에서의 행위는 내세에서 상을 받기 위한 것이어야 한다고 신자들에게 동기를 부여해 줄 작정으로 그런 이야기를 한다.

각각 자기가 일한 대로 자기의 상을 받으리라

상급의 정확한 본질은 얼마간 우리에게 알려지지 않은 부분도 있는데, 우리는 그 본질을 깊이 파고들어가지 않고도 하나님께서 순종하는 자들에게 상급을 주실 것임을 보여 주는 성경의 가르침을 입증할 수 있다. 바울은 한 집안의 남편이나 아내 혹은 자녀와 같이 다양한 사람들을 향해 말한다. 바울은 종들에게는 이렇게 말한다. "무슨 일을 하든지 마음을 다하여 주께 하듯 하고 사람에게 하듯 하지 말라 이는 기업의 상을 주께 받을 줄 아나니 너희는 주 그리스도를 섬기느니라"(골 3:23-24).

그리스도를 신실하게 섬기는 종들은 그 수고에 대해 상을, 보상을 받을 것이다. 바울 시대의 종은 노예들로서, 이들은 이 땅에서 무엇을 물려받으리라는 소망을 거의 가질 수 없는 사람들이었다. 하지만 바울은 이 땅의 유업보다 훨씬 더 좋은 어떤 것, 즉 주님에게서 받는 기업을 이들에게 약속한다. 이 기업을 받게 되는 정황은, 그리스도를 영접할 때처럼 '오직 믿음'은 분명 아니다. 이 기업을 받게 되는 배경은 '일'이며, 이 '일'로써 하늘에 계신 주님과 이 땅에 있는 신실한 종들 사이에 은혜로운 '교환'(즉, 대신 주기[giving in place of])이 있게 된다. 에베소서에서 바울은 종들 말고 다른 이들에게 약속된 상에 대해서도 이야기한다. "이는 각 사람이 무슨 선을 행하든지 종이나 자유인이나 주께로부터 그대로 받을 줄을 앎이라"(엡 6:8).

어려운 형편에 있는 자들에게 하나님께서 상을 약속하신다는 사실은 아마 그다지 놀라운 일이 아닐 것이다. 하지만 부요한 자들을 향한 하나님의 태도를 보면 어떠한가? 부자들은 자기 영광이 땅에 있으리라는 사실로 만족하지 않는가? 디모데에게 보내는 편지에서 바울은 "선을 행하고 선한 사업을 많이 하"라고(딤전 6:18) 부자들에게 권면한다. 이유가 뭔가? 불안정한 부(富) 대신 하나님께 소망을 두는 것이 자기를 위해 보화를 쌓는 것이기 때문이다(딤전 6:19). 부자들이 돈이 아니라 하나님을 먼저 섬긴다면 하나님께서는 부자들에게도 상을 주실 것이다.

다시 말하거니와 종들의 경우와 마찬가지로, 상은 순종이라는 배경에서 약속된다. 바울의 목표는 부자들에게 동기를 부여해 자기 재산을 가지고 지혜롭게 행동하게 만드는 것이다. 바울은 부자들이 이 땅의 나라를 위해 하는 일이 다가올 하늘나라에 보화를 쌓는 결과를 낳을 것이라는 의미에서 이들에게 확실한 '재정 설계'를 해 준다.

복음서에서 그리스도께서는 상에 대해 자주 이야기하신다. 예를 들어 마태복음 10장에서는 특정 행동에 대한 상급을 말씀하신다(마 10:40-42).

"너희를 영접하는 자는 나를 영접하는 것이요 나를 영접하는 자는 나를 보내신 이를 영접하는 것이니라 선지자의 이름으로 선지자를 영접하는 자는 선지자의 상을 받을 것이요 의인의 이름으로 의인을 영접하는 자는 의인의 상을 받을 것이요 또 누구든지 제자의 이름으로 이 작은 자 중 하나에게 냉수 한 그릇이라도 주는 자는 내가 진실로 너희에게 이르노니 그 사람이 결단코 상을 잃지 아니하리라"

성자께서 이런 말씀을 하신 것에 대해 우리는 하나님께 감사를 드려야 할 것이다. 우리 모두가 다 '선지자'일 수는 없다. 하지만 하나님의 목적을 이루는 일에 한 가지 역할을 할 수는 있고 하나님의 특별한 종들에게 주어지는 상을 나눠 받을 수는 있다. 하나님의 백성은 하나님의 신실한 선지자를 "돕고" 선지자들에게 주어지는 상을 나눠 받을 수 있다. 보잘것없어 보이는 사람("작은 자")에게 별것 아닌 선물(냉수 한 그릇)을 줌으로써 "의인"을 영접하는 일도 마찬가지다. 하나님께서는 '대단한' 행동에만 상을 주시는 게 아니라 '작은' 일에도 상을 주신다.

하나님께서 의인에게 상을 주신다는 개념은 구약성경 여러 군데에서 찾아볼 수 있다. 다윗을 죽이려 함으로써 다윗에게 죄를 지었음을 사울이 인정하자 다윗은 다음과 같이 응수했다(삼상 26:22-24).

"다윗이 대답하여 이르되 왕은 창을 보소서 한 소년을 보내어 가져가게 하소서 여호와께서 사람에게 그의 공의와 신실을 따라 갚으시리니 이는 여호와께서 오늘 왕을 내 손에 넘기셨으되 나는 손을 들어 여호와의 기름 부음을 받은 자 치기를 원하지 아니하였음이니이다 오늘 왕의 생명을 내가 중히 여긴 것같이 내 생명을 여호와께서 중히 여기셔서 모든 환난에서 나를 구하여 내시기를 바라나이다 하니라"

다윗은 여호와께서 모든 이들에게 상 주시되 그 사람의 의로움과 신실함에 따라 상 주신다고 이야기한다. 시편 18편에서 보듯, 다윗은 이에 대해 하나님께 상급 받기를 기대했던 것이 분명하다. 우리는 여기서 잠시 멈춰 서서 다윗의 말이 좀 당혹스럽지 않은지 묻게 될 수도 있다. 다윗의 말(시 18:20-24)은 새 언약 아래 있는 그리스도인들에게 과연 적절한가?

"여호와께서 내 의를 따라 상 주시며
내 손의 깨끗함을 따라 내게 갚으셨으니
이는 내가 여호와의 도를 지키고
악하게 내 하나님을 떠나지 아니하였으며
그의 모든 규례가 내 앞에 있고
내게서 그의 율례를 버리지 아니하였음이로다
또한 나는 그의 앞에 완전하여
나의 죄악에서 스스로 자신을 지켰나니
그러므로 여호와께서 내 의를 따라 갚으시되

그의 목전에서 내 손이 깨끗한 만큼 내게 갚으셨도다"

이 문맥은 칭의가 아니라 성화와 관계있다. 다윗은 자신의 의에 대해 여호와께서 상 주신다고 이야기한다. 물론 다윗은 구약성경의 그 어떤 인물보다도 자신의 죄과를 잘 알고 있었을 것이다(시 32편). 그리고 하나님의 은혜에 대해서도 그에 못지않게 잘 알고 있었다(시 51편). 그러므로 다윗이 이런 식으로 말할 수 있는 것은 단순히 자신이 의로워서가 아니라, 다윗의 불완전함을 하나님께서 은혜롭게 평가해 주시기 때문이다.

6.
상급과 기도

기도는 그리스도인의 삶에서 가장 어려운 의무로 손꼽힌다. 기도라는 이 고투가 존재하는 것은 아직 미숙한 그리스도인이나 믿음이 약한 이들만을 위해서가 아니다. 몇몇 위대한 그리스도인들이 하는 말을 들어 봐도 기도가 얼마나 어려운지 입증된다.

"그리스도인으로 살아가면서 우리가 어떤 일을 하든 기도보다는 수월하다."(마틴 로이드존스)[14]

"평생을 해도 잘 못하는 일이 기도 말고 또 있을까."(알렉산더 화이트)[15]

기도는 어려운 일임을 고려할 때, 그리스도께서는 어떤 식으로 우리에게 기도의 동기를 불어넣으시는가? 마태복음 6:6에서 그리스도께서는 제자들에게 약속하시기를, 이들이 은밀히 행하는 일

(즉, 기도)에 아버지께서 상 주실 것이라고 한다. 마태복음 6장 한 장에 '상'(혹은 '갚으신다')이라는 말이 얼마나 자주 나오는지 보라.

우리는 과연 이 말씀을 제대로 믿고 있는지 자문해야 한다. 하나님께서 우리에게 상 주시리라는 것을 당연히 믿어야 하는데, 우리는 정말로 그렇게 믿고 있는가? 정말로 그렇게 믿는다면 우리는 더 많은 시간을 은밀히 기도할 것이다. 많은 시간 은밀히 기도하지 않는 것은, 구하는 마음이 없기 때문이다! 구하지 않는 것은 믿음이 부족하기 때문이다(마 21:22).

믿음은 하나님께 간절히 구하는 손으로 존재한다. "믿음이 없이는 하나님을 기쁘시게 하지 못하나니 하나님께 나아가는 자는 반드시 그가 계신 것과 또한 그가 자기를 찾는 자들에게 상 주시는 이심을 믿어야 할지니라"(히 11:6). 그리스도는 탁월한 믿음의 사람으로서, 자신의 기도 생활에서 이 개념을 파악하셨음이 분명하다. 실제로 그리스도께서는 상급을 위해 기도하셨다. "아버지여 창세전에 내가 아버지와 함께 가졌던 영화로써 지금도 아버지와 함께 나를 영화롭게 하옵소서"(요 17:5).

우리가 은밀히 행하는 일에 대해 주께서 어떻게 상을 주실지 나는 정확히 알지 못한다. 기도 응답이 분명하게, 즉각적으로 이루어질 때가 있다. 때로 주님은 우리가 구하는(이따금 잘못 구하기도 하는) 것을 주지 않음으로써 우리에게 상을 주신다. 어떤 기도는 평생 응답되지 않을 수도 있다. 예를 들어, 사도행전 7:59-60에 기록된 스데반의 기도는 다소의 사울이 회심하는 결과를 낳았다고 할 수 있다. 출애굽기 33:18에서 하나님의 영광을 보게 해 달라고 했던 모세의 기도는 그가 영광으로 들어간 지 오랜 뒤에 변화산에서 응답되었다.

하지만 우리는 기도에 대한 상급이 은혜의 상급이라는 것은 알고 있다. 매튜 헨리가 말하는 것처럼, "이는 상이라 일컫기는 하지만 은혜의 상이지 채무(債務)의 상이 아니다. 간구해서 얻는 것에 공로의 여지가 있을 수 있겠는가?"[16] 은밀히 기도하면 상 주시겠다고 하나님께서 자녀들에게 약속하셨다. 우리는 그것만으로도 충분한 동기부여가 되어, 받기 위해 구하려고 '기도 골방'에 들어갈 수 있어야 한다. 사실인즉, 만약 내가 기도를 통해 하나님 생각을 변화시킬 수 있다면 나는 기도하지 않을 것이다. 그런데도 우리가 기도를 통해 하나님의 목적을 이룰 수 있음은 하나님께서 그런 식으로 일이 되어 가도록 정하셨기 때문이다. 우리가 받는 상은, 무엇보다도 우리가 무엇이든 하나님께 구할 수 있는 특권을 지녔음을 아는 것이다. 상은 이생에서 받을 수도 있고 내세에서 받을 수도 있다.

하나님께서는 왜 우리 기도에 상을 주실까? 모든 참된 기도는 다 성령으로 하는 기도이기 때문이다(롬 8:26-27).

"이와 같이 성령도 우리의 연약함을 도우시나니 우리는 마땅히 기도할 바를 알지 못하나 오직 성령이 말할 수 없는 탄식으로 우리를 위하여 친히 간구하시느니라 마음을 살피시는 이가 성령의 생각을 아시나니 이는 성령이 하나님의 뜻대로 성도를 위하여 간구하심이니라"

성령으로 기도할 때 우리는 하나님의 뜻대로 기도할 것이며, 그런 기도는 하나님을 기쁘시게 한다. 그러므로 성령께서 우리를 도우시면 하나님께서 특별히 기뻐하실 것이다. 우리가 하는 일이 곧 성령께서 하시는 일이기 때문이다. 어떤 의미에서 하나님은 우리 안에서 하나님께서 친히 이루신 일에 상을 주신다.

> 기도는 그리스도인에게 힘든 일이다. 하지만 하나님께서는 우리가 기도할 때 기뻐하시고 상을 주신다. 이 진리는 어떤 식으로 우리를 권면해 하늘에 계신 아버지와 기도로써 더 많은 시간을 함께할 수 있게 해 주는가?

7.
행위에 따라 심판함

 그리스도께서 그리스도인들을 심판하신다는 개념은 오늘날 교회에서 많은 이들에게 썩 잘 받아들여지지 않는다. 많은 이들이 그런 심판을 공포의 눈으로 바라본다. 우리의 죄, 그중에서도 유달리 가증스러운 죄를 우리 스스로 잘 알고 있다는 사실을 고려하면 특히 더 그렇다.

 하지만 그리스도께서 다시 오실 때 그리스도인들이 행위에 따라 심판받으리라는 사실을 우리는 부인할 수 없다. 때로는 다가올 심판에 대해 하나님께서 뭐라고 말씀하시는지 잠시 걸음을 멈추고 읽어 봄으로써 하나님의 말씀과 그 명백한 가르침을 직시해 볼 필요가 있다. 다음은 장차 행위에 따라 심판하신다고 가르치는 성경 구절들이다.

"나 여호와는 심장을 살피며 폐부를 시험하고 각각 그의 행위와 그의 행실대로 보응하나니"(렘 17:10)

"이는 우리가 다 반드시 그리스도의 심판대 앞에 나타나게 되어 각각 선악 간에 그 몸으로 행한 것을 따라 받으려 함이라"(고후 5:10)

"인자가 아버지의 영광으로 그 천사들과 함께 오리니 그때에 각 사람이 행한 대로 갚으리라"(마 16:27)

"… 무덤 속에 있는 자가 다 그의 음성을 들을 때가 오나니 선한 일을 행한 자는 생명의 부활로, 악한 일을 행한 자는 심판의 부활로 나오리라"(요 5:28-29)

"바다가 그 가운데에서 죽은 자들을 내주고 또 사망과 음부도 그 가운데에서 죽은 자들을 내주매 각 사람이 자기의 행위대로 심판을 받고"(계 20:13)

"보라 내가 속히 오리니 내가 줄 상이 내게 있어 각 사람에게 그가 행한 대로 갚아 주리라"(계 22:12)

이런 구절들을 읽다 보면, 오직 믿음에 의한 칭의 교리와 이런 가르침을 어떻게 조화시킬 것인가 하는 의문이 떠오른다. 우리가 로마 가톨릭식으로 '두 의화'(two justifications)를 받아들이지 않는 것은 확실하다(로마 가톨릭에서는 칭의를 의화[義化]라고 하며, 의화는 하나님의 은총과 인간의 선행으로 이루어진다고 주장한다. - 역주). 우리는 믿음에 의한 칭의만을 받아들인다. 하지만 우리는 구원에 이르게 하는 믿음의 본질과 씨름해야지, 신약성경에 어쩌다 한 번씩 조건부로 등장하는 표현을 붙잡고 늘어져서는 안 된다(WCF 13장 1항에서 히브리서 12:14, 고린도후서 7:1을 인용해서 말하는 것을 읽어 보라). 믿음과 관련해 존 오웬은 이렇게 말한다.

> 우리가 의롭다 여김을 받게 되는 믿음이 있으니, 이 믿음을 가진 자는 확실히 구원받을 것이며, 이 믿음은 사랑으로 마음과 행위를 정결케 한다. 또한 믿음, 혹은 믿는 행위가 있으니, 이는 위와 같은 일을 전혀 이루지 못한다. 이 믿음을 가진 자, 이 믿음밖에 없는 자는 의롭다 여김을 받지도, 구원을 받지도 못한다.[17]

이 개념은 행위에 따른 심판 개념의 중추를 이룬다(WCF 11장 2항을 보라).

칭의에는 "권위적"인 측면과 "선언적"(혹은 시위적[demonstrative])인 측면이 있다. 토머스 굿윈(Thomas Goodwin)은 이렇게 지적한다. "하나[즉, 권위적 측면]는 사람이 있는 그대로 하나님 앞에 나와서 구원받을 권리를 위해 하나님과만 관계를 맺음에 따라, 그 사

람 자신이 코람 데오, 즉 하나님 앞에서 의롭다 여김을 받는 것이다"(롬 4:2-5).[18]

그런데 우리의 칭의에는 선언적 측면이 있다. 굿윈의 말에 따르면, 하나님께서는 심판 날에 인간을 심판하시되 "사람 사이에 차별을 두실 것이며, 이런 이유로, 그분께서 의롭다 여기실 때 그 사람은 참된 신자이고, 그렇지 않은 사람은 믿음의 행위를 했어도 칭의가 불확실한 신자다." 마술사 시몬은 "믿었지만" 그의 신앙 행위는 가짜였다. 즉 외식하는 자의 신앙 행위였다(행 8:13, "시몬도 믿고"). 그러므로 하나님께서는 참으로 의롭다 여김을 받은 자와, 신앙을 '고백'할지라도 진노 아래 있는 자들의 차이를 모두가 볼 수 있도록 분명히 드러내실 것이다.

마태복음 25:31-46은 이 점에서 교훈적이다. 그리스도께서 다시 오사 악인과 의인을 구분하실 것이다. 이 구절의 표현을 보면 악인과 의인의 행동을 바탕으로 구분이 이뤄진다는 것을 분명히 알 수 있다. 또한 마태복음 25장은 가시적 교회를 염두에 두고 있다.

"내가 주릴 때에 너희가 먹을 것을 주었고 목마를 때에 마시게 하였고 나그네 되었을 때에 영접하였고 헐벗었을 때에 옷을 입혔고 병들었을 때에 돌보았고 옥에 갇혔을 때에 와서 보았느니라 이에 의인들이 대답하여 이르되 주여 우리가 어느 때에 주께서 주리신

것을 보고 음식을 대접하였으며 목마르신 것을 보고 마시게 하였
나이까 어느 때에 나그네 되신 것을 보고 영접하였으며 헐벗으신
것을 보고 옷 입혔나이까 어느 때에 병드신 것이나 옥에 갇히신 것
을 보고 가서 뵈었나이까 하리니 임금이 대답하여 이르시되 내가
진실로 너희에게 이르노니 너희가 여기 내 형제 중에 지극히 작은
자 하나에게 한 것이 곧 내게 한 것이니라 하시고"(마 25:35-40)

악인은 그리스도의 왼쪽에서, 선한 행위를 하지 않은 것에 대해
징계를 받는다. 악인은 지극히 하잘것없는 이에게 그리스도의 이
름으로 선을 행하지 않은 것이 마치 그리스도께서 주리고 목마르
실 때 먹을 것이나 마실 것을 드리지 않은 것과 똑같다는 사실을
망각했다(마 10:40-42; 25:41-46). 마태복음 13장의 그물(즉, 천국) 비
유는 교회에 참과 거짓이 섞여 있음을 증명한다(마 13:47-50).

"또 천국은 마치 바다에 치고 각종 물고기를 모는 그물과 같으니
그물에 가득하매 물가로 끌어내고 앉아서 좋은 것은 그릇에 담고
못된 것은 내버리느니라 세상 끝에도 이러하리라 천사들이 와서
의인 중에서 악인을 갈라내어 풀무 불에 던져 넣으리니 거기서 울
며 이를 갈리라"

선행은 그리스도인에게 선택 사항이 아니다. 참신앙은 사랑을

통해 역사한다(갈 5:6).

선행과 구원의 관계는 '권리'와 '소유'를 구별하는 개혁파 전통을 통해 이해해야 한다. 헤르만 윗시우스(Herman Witsius)는 이 구별을 짧지만 정확하게 설명한다. "그리스도인의 경건 행위는 생명에 이르는 길이니, 왜냐하면 우리가 그 행위로써 그리스도께서 획득하신 권리를 소유하게 되기 때문이다."[19] 생명에 이를 권리는 "그리스도의 순종에 부여되며, 우리의 거룩함이 지니는 모든 가치는 전적으로 배제될 것이다." 하지만 생명을 소유하는 것에 관해 말하자면, "우리의 행위는 … 그리스도의 영이 우리 안에서, 우리에 의해 행하시는 것으로, 생명을 소유하는 일에 뭔가 기여한다."[20]

토머스 굿윈은 오직 믿음에 의한 구원을 확언한 사람으로, 역시 이렇게 단정한다. 하나님께서는 "구원을 소유하기에 적합하다는 것을 보여 줄 다른 무언가가 없이 하나님 자신의 은밀한 행위를 근거로 구원을 소유하게 하시지 않을 것이다."[21] 그리스도인은 그리스도의 공로 덕분에 천국에 이를 권리를 소유하지만, 이들이 천국을 획득하는 수단은 하나님께서 예비하신 대로 이생에서 행하는 선행이다(엡 2:10). 굿윈과 아주 흡사하게 페트루스 반 마스트리흐트(Petrus van Mastricht)도 이렇게 말한다. "하나님께서는 영생을 소유할 권리를 허락하지 않으신다. 믿음에 뒤이어, 이 소유권에 선행(先行)하는 선한 행위가 있지 않으면 말이다. 히 12:14; 마

7:21; 25:34-36; 롬 2:7, 10."²² 이런 걸출한 신학자들 외에도 이 같은 견해를 가진 이들을 얼마든지 거론할 수 있다.

마지막 심판 때 하나님께서는 자신이 옳았음을 증명하실 것이다. 하나님은 행위와 별개로 죄인을 의롭다 여겨 주시지만, 신실한 자와 악한 자의 차이 또한 보여 주실 것이다. 하나님의 칭의 행위가 옳았음을 입증하는 자리인 만큼, 많은 이들 앞에서 공개적으로 보여 주실 것이다. 달리 표현하자면, 하나님께서는 의롭다 여김을 받은 신자의 믿음을 참믿음으로 입증해 주실 것이다. 심판은 사랑을 통해 역사한 생생한 믿음을 지닌 사람들을 판명해 낼 것이다. 기억하라, 선한 행위에는 믿음이 수반된다는 것을(WCF 11장 2항).

마지막 날 우리의 행위가 입증된다는 것을 우리 믿음이 사랑을 통해 역사했음을 공개적으로 보여 주는 것으로 이해한다면, 마지막 날에 행위로 심판받는다는 것은 곧 그날 우리가 행위로 의롭다 여김을 받는다는 것과 다르지 않다. 그리스도께서는 행위에 따라 (시위적으로) 의롭다 여김을 받는 것에 대해 말씀하신다. "내가 너희에게 이르노니 사람이 무슨 무익한 말을 하든지 심판 날에 이에 대하여 심문을 받으리니 네 말로 의롭다 함을 받고 네 말로 정죄함을 받으리라"(마 12:36-37). "의롭다 함을 받는다"는 말을 행위의 맥락에서 우리 주께서 친히 사용하신다. 우리는 로마 가톨릭의 주장에 굴하지 말고, 이 말을 선언적 칭의로 이해해야 한다. 바울이 가르치는 것은 '오직 믿음' 입장이 아니라 '오직 믿음에 의한' 칭의다. 수많은 로마 가톨릭교도(그리고 사실 일부 개신교도)들이 우리가 '오직 믿음' 입장을 주장한다고 생각하고 종교개혁 교리를 그릇 비판하는데, '오직 믿음'은 사실상 율법폐기론이다. 우리는 오직 믿음으로써만 그리스도인이 되지만, 그리스도인의 삶에는 결코 우리의 믿음만 덜렁 있지 않다.

하나님께서는 다른 사람들이 의롭다고 선포한 방식으로 우리를 심판하실 것이다. 이론적으로는 온 세상이 다 참된 신자가 의롭다 여김을 받는 광경을 목격할 수 있을 것이며, "죽은 믿음"이 아니라 "사랑으로써 역사하는" 믿음으로서, "의롭다 여김을 받는 사람 안에 홀로" 있지 않고 "구원에 이르게 하는 다른 모든 미덕을 늘 수반하는"(WCF 11장 2항, 약 2:17, 갈 5:6 인용) 참믿음을 확인할 수 있을 것이다. 최후 심판은 참된 신자의 삶을 변호하는 데 중요할 뿐만 아니라 그에 못지않게 성삼위 하나님을 변호하는 일과도 관계있다.

> 그리스도인이 하나님 앞에 서는 것은 그 사람의 행위를 바탕으로 하지 않는다. 그리스도인이 선행을 하는 것은 자신이 그리스도 안에 있음을 보이기 위해서다. 순종은 그리스도인을 만들어 내는 게 아니라 사실은 순종하는 사람을 그리스도인으로 입증한다.

이제 정죄함이 없나니

행위에 따른 심판 교리는 사람들을 절망에 빠트려야 하는가? 그렇지 않다. "그러므로 이제 그리스도 예수 안에 있는 자에게는 결코 정죄함이 없"기 때문이다(롬 8:1). 그렇지만 외식하는 자들은 두려워해야 한다. 그리스도께서는 교회 안에 있는 외식자들을 정죄하시되(마 25:41-46) 선한 행위가 없는 것으로 드러나고 율법의 더 중한 것을 소홀히 여기는 자들로(마 23:23) 정죄하신다. 성령 안에 있는 사람들에게는 확신의 은혜가 있을 것인데 반해, 육체 가운데 있는 이들은 이 은혜를 소유하지 못한다.

여기, 참되고 살아 있는 믿음을 지닌 사람들에게 좋은 소식이 있다. 부활이 심판보다 먼저 있으리라는 것이다(『대요리 문답』 88문답. 고후 5:10). 요한일서 3:2에 근거해 말하자면, 우리는 그리스도를 볼 것이고, 그 광경에 의해 즉시 변화될 것이다. 그렇다면, 심판대 앞에 설 때 어떤 면에서 우리는 이미 의롭다 여김을 받은 모습으로 설 것이다. 기억하라, 처음 믿었을 때 우리가 '생명에 이를 권리'를 받았다는 사실을. 이것이 칭의의 영광이다(롬 5:1; 8:1). 무엇도 우리를 하나님의 사랑에서 떼어 놓을 수 없으며, 심판 때 특히 그러하다.

우리가 하나님의 자녀라면 마지막 심판을 두려워할 필요가 없다. 하지만 그리스도의 임재 안에서 영화롭게 된 하나님의 자녀로서 우리는 "[그럼에도 불구하고] 다 반드시 그리스도의 심판대 앞에 나타나게 되어 각각 선악 간에 그 몸으로 행한 것을 따라 받"아야 한다(고후 5:10). 실로 교회 안의 어떤 이들은 마지막 심판을 통과하지 못할 것이다. 왜냐하면 이들의 믿음이 죽었기 때문이다(즉, 열매를 맺지 못했기 때문이다. 요 15:2-5, 10, 16).

내가 생각하기에 어떤 이들은 마지막 심판에 대해 말할 때 성삼위 하나님께서 일하시는 것으로 이야기하지 않고 선언적 칭의에만 초점을 맞춘다. 선언적 칭의가 생명에 대한 권리를 주는 것은 확실하다. 그리스도의 전가된 의만이 하나님의 심판의 엄중함을 견뎌낼 수 있다. 하지만, 앞에서 강조했다시피 시위적 칭의란 우리와 구주의 연합으로 인해 성령, 즉 그리스도의 영(롬 8:9)이 자기 백성 안에서 이루시는 일을 성부께서 인정하시는 것이다. 하나님께서는 우리를 내려다보시며 충분히 선하다고 말씀하신다기보다, 자기 아들 곧 우리 마음에 성령을 보내사 우리로 그리스도를 닮게 하시는 분께서(롬 8:29) 이루시는 일을 옳다 인정해 주신다.

우리에게 성자와 성령이라는 두 가지 선물을 주신 성부께서는 우리를 그리스도 안에서 의롭다 여김 받은 자요 그리스도 안에서 성령께서 성화시킨 자들로 여겨 주실 것이다. 하늘에 계신 우리 아버지께서는 자신이 이루신 일을 아주 기뻐하실 것이다. 그리스도를 위해 우리를 받아 주실 것이며 그리스도의 영, 곧 우리로 선한 일을 할 수 있게 해 주시고 선한 일을 위해 우리를 미리 예비시켜 주신 분으로 인해(엡 2:10) 우리에게 상 주시고 우리를 변호해 주실 것이다.

마지막 심판을 설명할 때 삼위일체 하나님의 역사가 명시적으로 드러날 수 있도록 설명해야 하는데, 내가 생각하기에 우리는 그 일을 제대로 해내지 못하고 있다. 적어도 지금까지 내가 읽어 온 책들로 볼 때는 그렇다. 그래서 위의 설명은 마지막 심판을 삼위일체 중심으로 서술하는 것을 목표로 했다.

값없이 주어지는 이신칭의, 성경의 조건부 표현(롬 8:13), 그리스도인이 몸으로 행한 행위에 따라 심판받으리라는 사실(고후 5:10)을 다 조화시킬 수 있는 좀 더 통일성 있는 방식이 존재한다면 나는 그 방식을 기꺼이 받아들일 것이다. 하지만 우리는 성경이 가르치는 모든 내용을 다 다룰 수 있어야 한다. 그렇지 않으면 그 가르침을 진중하게 대하지 못한다는 비난을 면할 수 없다.

8.
이 땅에서 우리 자녀들에게 상 주기

하나님께서는 아버지가 자녀에게 상 준다는 개념을 우리가 자녀를 기르는 일을 통해 배울 수 있도록 도우신다. 즉, 우리는 하나님 아버지께서 자기 자녀를 대하시는 방식에서 자녀 양육의 일반 원리 몇 가지를 도출해 낼 수 있다. 그것이 바로 자녀가 불순종할 때 다양한 유형으로 벌을 주어야 한다는 데에 내가 원칙적으로 반대하지 않는 이유다. 엉덩이 한 대 때려 주는 게 어린 자녀들의 죄를 다루는 최선이자 가장 적절한 방식일 수 있지만(잠 23:13), 예를 들어 어떤 특별한 권리를 유보시키는 것도 적당한 징벌이 될 수 있다. 구약성경에서 하나님께서 자기 백성들에게 하신 일이 바로 그것이었다(시 95:11).

부모 말을 잘 듣도록 동기를 부여해 줄 생각으로 자녀들에게 상을 약속하는 것은 어떤가? 나는 바로 이 부분에서 하나님께서 자기 자녀들에게 상 주시는 방식을 볼 수 있다고 생각하며, 그에 따라 우리가 자녀를 양육할 때 이 원리를 세심하고 지혜롭게, 그리고 적절히 적용할 수 있다고 본다.

성경에는 선행에 대한 상급을 가르치는 말씀이 지나칠 만큼 많은데(계 22:12; 마 16:27; 25:14-30; 눅 19:11-27; 고후 5:10; 히 11:26), 그에 비해 이 주제를 다루는 책은 그다지 흔치 않다는 점이 나는 놀랍다. 문제는 하나님께서 우리의 선행에 상을 주시느냐의 여부가 아니라 선행에 상이 주어진다는 점이 우리에게 어떤 식으로든 동기부여가 될 수 있느냐 하는 것이다.

순종하면 상이 있으리라는 약속은 우리로 하여금 노예적 태도를 갖게 만든다고 생각하는 이들이 있을 수도 있다. 이런 반론을 예상한 존 오웬은 "상과 벌을 존중하는 태도로 하나님께 거룩한 순종을 바치는 것을 비굴하다고, 하나님의 자녀의 자유로운 태도와 어울리지 않는다."라고 생각하는 이들이 있다고 말한다.[23]

그렇게 이의를 제기하는 이들을 향해 오웬은 그런 반응은 '헛된' 상상일 뿐이라고 주장한다. 우리가 하는 일을 비굴하게 만들 수 있는 것은 우리 정신의 속박뿐이다. 오웬은 "하나님의 약속과 위협에 적정한 존중을 표하는 것은 우리의 자유에서 가장 중요한 부분"이라고 말한다.[24] 새 언약에서는, 예를 들어 상급에 대한 소망이 실제로 거룩함에 대한 동기를 불어넣어 준다고 오웬은 주장한다.

은혜 언약에 참여하는 이들, 그리고 하나님께서 신자를 위해 정해 주신 은혜의 수단들을 활용하는 이들은 "단지 능력과 영적 힘이 부족한 탓에" 하나님께서 요구하시는 순종을 이행하지 못하는 일은 없으리라는 사실에서 위로를 얻을 수 있다(벧후 1:3; 마 11:30; 요일 5:3을 보라).[25]

하나님께서 자기 자녀에게 상급을 약속하신다는 사실은 필연적으로 이들에게 동기를 부여해 이 상급을 추구하게 만든다. 우리가 어떻게 그런 약속에 무관심할 수 있겠는가? 하나님의 말씀에 그렇게 분명히 약속된 것을 어느 정도라도 추구하지 않는다면 우리는 불순종하는 자녀일 것이다.

그렇다면, 이는 자녀를 키우는 일과 어떻게 연관되는가? 부모는 할 수만 있다면 당연히 자녀에게 복을 주고 싶어 하고 상을 주고 싶어 한다. 좋은 신학과 나쁜 신학 사이에는 언제나 미세한 경계선이 있으며, 그 경계선은 어쩌면 우리 생각보다 훨씬 더 미세하다. 어떤 부모는 자녀를 순종시키려고 뭔가를 약속하거나 뭔가로 위협하는 방법만 쓴다. 위협하는 방법은 엄한 말투와 고성이 동반되어야만 효과가 있다. 자녀에게 동기를 부여해 준다는 것이 때로 끝없이 뭔가를 주면서 회유하는 것에 지나지 않을 때가 있는데,

이는 결국 부모뿐 아니라 자녀까지 노예로 만드는 결과를 낳는다.

우리의 자녀들은 그저 순종이 주님을 기쁘시게 한다는 것을 알기에 순종할 수 있어야 한다(골 3:20). 즉, 우리가 자녀에게 뭔가를 시키는 이유가 단지 다른 무언가가 약속되었기 때문이라면, 자녀는 물론 부모인 우리 자신까지 위험에 빠진다. 그렇다고 해서 이따금 순종에 대한 상을 약속하면서 자녀에게 동기를 부여해 주는 것까지 하지 말라는 말은 아니다. 부모가 경건한 지혜로 상의 빈도와 내용을 적절히 조절해야 할 테지만, 원칙 자체는 이것이 우리의 자녀들이 순종하게끔 돕는 하나의 방법이라는 것이다(유일한 방법이 아니라).

다시 본론으로 돌아와서, 하늘에 계신 우리 아버지께서는 이생에서 우리가 한 일이 정말로 선한 행위를 구성한다고 전제하시고 그에 대해 상을 약속하신다. 우리는 이 문제에 신중할 필요가 있긴 하지만, 내가 생각하기에 부모도 자기 자녀에게 똑같이 해야 한다. 부모는 적절한 방식으로 자녀에게 상 주는 법을 배워야 하며, 하늘에 계신 우리 아버지께서 자기 자녀를 향해 어떻게 행동하시는지 아이들에게 실체적으로 가르치는 법을 익혀야 한다. 하나님의 백성에게는 무조건적인 약속과 경고뿐만 아니라 조건부("너희가 …하면") 약속과 경고도 많이 주어져 있다.

상 같은 것은 약속하지도 않은 채 아이들에게 순종을 기대하면 아이들을 노엽게 만들 수도 있다. 이런 식으로 하면 이 세상의 부모들은 하늘에 계신 아버지를 본받지 못한다. 하나님은 자기 자녀들을 사랑하시며 자녀들의 불완전한 순종에 대해서도 상 주기를 기뻐하신다. 우리가 우리 자녀들을 대하는 모습이 이와 달라야 하겠는가?

> 하나님께서는 자녀들의 행위가 불완전해도 불완전한 대로 그 행위에 대해 상을 주신다. 이 사실은 우리가 자녀들을 대하는 태도에 어떤 식으로 영향을 끼쳐야 하겠는가?

9.
천국에 사람을 쌓아 두기

그리스도께서 이 땅에서 사역하시는 동안 제자들에게 가르치신 다양한 명령들을 성경에서 읽을 때는 그리스도 자신은 이 명령들을 어떻게 지키셨는지를 묵상해 봐야 한다. 그런 묵상은 신선하고 흥미진진한 방식으로 성경을 우리 앞에 펼쳐 놓아 줄 수 있다. 예를 들어 산상설교에서 그리스도께서는 다음과 같이 명령하신다 (마 6:19-21).

"너희를 위하여 보물을 땅에 쌓아 두지 말라 거기는 좀과 동록이 해하며 도둑이 구멍을 뚫고 도둑질하느니라 오직 너희를 위하여 보물을 하늘에 쌓아 두라 거기는 좀이나 동록이 해하지 못하며 도둑이 구멍을 뚫지도 못하고 도둑질도 못하느니라 네 보물 있는 그

곳에는 네 마음도 있느니라"

그리스도인은 자기를 위해 하늘에 보화(treasures)를 쌓아 두어야 한다. 우리 믿음의 주(히 12:2)이신 그리스도께서는 이 명령을 지키셨는가? 지키셨다면 어떻게 지키셨는가? 그리스도께서는 자기를 위해 우리들을 하늘에 쌓아 두심으로써(요 10:10) 이 명령을 지키셨다. 우리는 그리스도의 기업의 백성(his treasured possession)이다(신 7:6). 그리스도께서는 우리를 높이 드셨고, 거기서 우리는 그리스도와 함께 앉는다(골 3:1; 엡 2:6). 이런 식으로, 다른 모든 일에서와 마찬가지로 그리스도와 성부께서는 동일한 목적과 뜻을 지니시니, 다시 말해 자기를 위해 백성(즉, 보화)을 하늘에 쌓아 두시고자 한다. "성도 안에서 [하나님의] 그 기업의 영광"(엡 1:18).

우리는 여러 가지 방식으로 이 명령을 지킬 수 있다. 그리스도께서 구원을 획득하시기는 했지만, 죄인에게 구원을 적용하는 일은 대개 인간이라는 행위자를 필요로 한다(롬 10:14). 그러므로 어떤 의미에서 우리 또한 생명의 말씀을 불신 세상에 전함으로써(빌 2:16) 우리 자신을 위해 하늘에 보화를 쌓는다.

아내들은 베드로전서 3:1-2에 기록된 베드로의 명령에 따라 자기를 위해 하늘에 보화를 쌓을 수 있다. "아내들아 이와 같이 자기 남편에게 순종하라 이는 혹 말씀을 순종하지 않는 자라도 말로 말미암지 않고 그 아내의 행실로 말미암아 구원을 받게 하려 함이니 너희의 두려워하며 정결한 행실을 봄이라."

목회자들은 디모데전서 4:16에서 바울이 디모데에게 준 명령에 따라 자기를 위해 하늘에 보화를 쌓을 수 있다. "네가 네 자신과 가르침을 살펴 이 일을 계속하라 이것을 행함으로 네 자신과 네게 듣는 자를 구원하리라."

신자들은 경건한 삶으로 불신자들을 설복해서 하나님 나라를 믿게 만들 수 있다. "너희가 이방인 중에서 행실을 선하게 가져 너희를 악행한다고 비방하는 자들로 하여금 너희 선한 일을 보고 오시는 날에 하나님께 영광을 돌리게 하려 함이라"(벧전 2:12). "오시는" 날(the day of 'visitation')이란 그리스도께서 다시 오시는 마지막 날이 아니라 아마 회심의 날일 것이다. 성경 다른 곳에서 그리스도께서는 또 이렇게 말씀하신다. "… 너희 빛이 사람 앞에 비치게 하여 그들로 너희 착한 행실을 보고 하늘에 계신 너희 아버지께 영광을 돌리게 하라"(마 5:16).

부모는 자녀에게 구원을 안기는 일에서 한 가지 역할을 할 수 있다. "아비들아 너희 자녀를 노엽게 하지 말고 오직 주의 교훈과 훈계로 양육하라"(엡 6:4). 자신의 행위가(혹은 행위의 결핍이) 자녀의 구원에 아무 영향도 끼치지 않는다고 생각하는 부모는 극단적 칼뱅주의(hyper-Calvinism)의 오류를 범하는 것이다. 구원은 주님의 은혜로써만 오는 것이 확실하지만, 주께서는 수단을 사용해 그 구원을 이루신다. 자녀를 교회에 데리고 다니지 않는다면, 성경을 함께 읽고 토론하지 않는다면, 자녀와 함께 기도하고 자녀를 위해 기도하지 않는다면, 자녀를 사랑으로 징계하기를 소홀히 한다면, 우리는 뿌린 대로 거둘 것이다. 반면, 하나님의 은혜를 의지하는 가운데 우리가 이런 부분에서 마땅히 해야 할 일을 한다면 하나님께서 이런 정해진 수단들을 사용하여 우리 자녀들의 구원을 이루실 것을 확신할 수 있다. 안타깝게도 아주 훌륭한 부모 밑에서도 때로 탕자와 같은 자녀가 나온다. 하지만 부모로서 마땅히 힘써야 할 부분들을 절대 사소하게 여기지 않는 성실한 부모들에게 하나님께서는 복을 약속하신다.

> 하나님께서는 한 그리스도인의 삶이 다른 많은 사람들의 삶 가운데서 하나님의 권능과 일하심을 드러내는 증거가 되게 하신다. 이 사실을 생각할 때 불신자들과 영향을 주고받는 실제적 방식이 어떻게 달라져야겠는지 생각해 보라.

마태복음 6:19-21로 다시 돌아가서, 이 구절을 해석할 때 우리는 상급 혹은 하늘에 쌓아 두는 보화와 관련해 자기중심적이 되지 않도록 하는 방식으로 해석될 수 있다. 그리스도께서 하늘에 쌓은 보화가 그러하듯, 우리가 하늘에 쌓는 보화에는 하나님의 백성도 포함될 것이다. 하지만 여기서 주목할 것은, "사람을/보화를 하늘에 쌓는" 일에서 우리가 해야 할 역할도 있다는 것이다.

우리가 복음을 전해야 할 이유에 대해 많은 이들이 여러 가지 말을 한다. "사람들이 지옥에 가잖아요." 맞는 말이다. "하나님이 경배받지 못하고 있습니다." 정말 그렇다. 하지만 우리에게는 그리스도와 마찬가지로 우리를 위해 하늘에 보화를(즉, 사람들의 영혼을) 쌓아야 할 의무가 있다는 말도 해야 한다. 우리가 받을 상급의 상당 부분이 바로 이 보화다. 천국은 모든 면에서 그리스도에게만이 아니라 우리에게도 소중한 기업인 사람들로 이루어진 한 가정일 것이다. 사람들에게 복음을 전할 때는 천국에서 영원히 그 사람들과 함께 있고 싶다고 말해야 한다. 여러분은 그렇게 말하고 있는가?

그리스도의 생애는 처음부터 끝까지 선교사로 활동하는 삶이기도 했다. 아담은 하나님께서 소중히 여기시는 기업이었으며, 죄를 지었어도 여전히 아담은 그런 기업이었다. 하나님께서는 아담을 어떻게 하늘에 쌓아 두셨을까? 그리스도를 통해서였다. 그리고 이어서 그리스도께서 천국에서 아담을 즐거워하심은 성부께서도 천국에서 아담을 즐거워하기를 바라시기 때문이다. 아담은 구속받은 성도 각 사람과 마찬가지로 성부와 성자 간 사랑의 띠를 나타낸다.

너희 보화가 있는 곳에 너희 마음도 있으리라는 말씀(마 6:21)은 우리에게도 주어진다. 천국에서 그리스도의 마음은 어디에 있는가? 그리스도의 마음은 이 땅의 죄인들과 천국의 구속받은 자들을 향해 있다. 우리는 그리스도께서 소중히 여기시는 기업이요, 그리스도께서 친히 성부에게로 데려가시는 자들이기 때문이다. 그래서 내가 생각하기에, 제자들에게 이 명령을 주실 때 그리스도께서는 자기를 위해 이들을 하늘에 쌓아 두게 될 것을 알고 계셨던 것 같다. 이유가 무엇인가? 그리스도의 마음이 이들과 함께 있었기 때문이다.

자기 백성의 구원을 위해 하나님께서 정하신 다양한 수단들을 통해 이 땅에서 시작된 영원한 우정을 소유한다니, 얼마나 기쁜 상급인가. 이 땅에서도 우리는 서로 간에 아주 친밀한 연합을 이룰 수 있다. 하물며 천국에서는, 그리고 새 하늘과 새 땅에서는 그 연합이 얼마나 더 친밀하겠는가. 거기서는 우리에게 죄가 부재할 것이며 성령으로 충만할 것이다. 한 사람에게서 또 한 사람에게로 복음이 확산되면서 이 땅에서 시작된 우정을 천국에서는 완벽할 만큼 만족스럽고 보람 있게 누리게 될 것을 나는 기대한다.

10.
천국에서 입게 될 영광은 각자 다르다

 그리스도인은 모두 다 동일한 의로써 의롭다 여김을 받지만, 모든 그리스도인이 다 똑같이 성화되지는 않는다. 점진적 성화에서는 각 사람이 얼마나 죄에 대해 죽고 의에 대해 사느냐에 따라 거룩함의 정도가 다 다를 수밖에 없으며, 그래서 하나님의 백성들 사이에서도 성화의 수준과 등급은 다양하다. 예를 들어, 그리스도인이라고 해서 모두 다 정확히 똑같은 분량의 선행을, 모두 다 똑같은 일관성과 성실함 혹은 순수함으로 행하지는 않는다. 이런 차이는 하나님의 백성으로 사는 시간이 저마다 다 다르다는 사실에서도 나타난다. 십자가에 달렸던 강도를 생각해 보라. 그는 회심 후 채 하루도 안 되어, 삶을 변화시키는 성화의 은혜를 위해 영광으로 들어갔다. 성화의 정도가 다 다르다는 것을 염두에 두면, 천국에서 누리는 영광에도 정도의 차이가 있을 것으로 예상해야 하는 것 아닐까? 성경은 그렇게 말하는 것으로 보인다.

바울은 고린도전서 15장에서 부활체에 관해 상세히 설명하면서 이 몸과 관련해 다음과 같이 말한다. "해의 영광이 다르고 달의 영광이 다르며 별의 영광도 다른데 별과 별의 영광이 다르도다 죽은 자의 부활도 그와 같으니…"(고전 15:41-42).

그리스도께서 "우리의 낮은 몸을 자기 영광의 몸의 형체와 같이 변하게 하시리라"(빌 3:21)는 데에는 의문의 여지가 없다. 하지만, 그렇다고 해서 우리가 정확히 그리스도의 영광을 소유하게 되리라는 뜻은 아니다. 그리스도는 신인이시기 때문이다. 그리스의 몸은 신성과 연합되어 있다. 그러므로 바울의 말은 그리스도의 몸과 정확히 일치하는 몸을 뜻하지 않는다. 즉, 우리는 그리스도의 몸과 같은 영광스러운 몸을 갖게 될 것이되, 영화로우신 그리스도의 영광과 정확히 똑같은 영광을 갖게 되지는 않을 것이다. 그 점을 염두에 두면, 부활한 성도들 사이에도 바울이 고린도전서 15:41-42에서 한 말에 따라 영광의 정도에 차이가 있을 것을 예상할 수 있다.

천국에서 몸의 영광이 다 다른 것처럼, 부활한 성도들의 몸의 영광도 다 다를 것이나. 모든 그리스도인은 그리스도의 중보 사역에 근거해 천국에 들어간다. 이는 우리가 천국에서 동일한 영광을 공유하라는 말이 아니다. 우리의 행위가 우리를 따를 것이며, 우리는 육체를 입고 행한 선행에 근거해 각자 독특한 영광을 소유하게 될 것이다.

많은 사람을 옳은 데로 돌아오게 한 자

양 떼를 사랑하고자 하는 신실한 목자에게는 목회가 늘 힘들다. 반면, 양 떼를 이용하려 하고 양을 빼앗으려 하는 기회주의자는 아주 태평하게 그런 짓을 하는 것 같다. 그러나 이들은 손해를 볼 것이며, 더 나아가 심판에 직면할 것이다.

> 프란시스 투레틴(Francis Turretin)은 이렇게 말한다. "경건한 교사에게는 이들의 도움으로 구원받는 자들이 받을 영광 이상의 특별한 영광이 약속된다."[26]

바울은 고린도전서에서 행위와 상급에 대해 이렇게 말한다. "만일 누구든지 그 위에 세운 공적이 그대로 있으면 상을 받고 누구든지 그 공적이 불타면 해를 받으리니 그러나 자신은 구원을 받되 불 가운데서 받은 것 같으리라"(고전 3:14-15).

이 말씀의 직접적 정황으로 보아서는 한 사람의 행위가 상급을 받을 것인지, 그리하여 그 사람이 심판을 면하게 될 것인지의 여부를 무엇이 결정해 주는지 명시적으로 알 수 없다. 하지만 이 말씀의 맥락 및 성경 전체를 보면 이해하는 데 도움이 된다(딤전 4:16).

바울이 놓은 터 위에 세우는 자들은(고전 3:10-11) 자기 행위를 판단받을 것이다. 바울 자신의 행위는 터를 놓는 일이기에 그의 행위는 요구 기준을 충족시킬 것이다. 앞서 바울이 고린도인들에게 한 말이 이를 실증한다. 그가 연약함 중에도 설교해, 복음 및 자기 안에 계신 그리스도의 권능을 나타내 보였으니 말이다. 마찬가지로, 바울은 인간의 지혜가 아니라 하나님의 지혜로 말했다(고전 2:6-7). 그러므로 바울이 놓은 터는 바로 복음이다. 인간이 일으키는 혁신은 교회와 복음 사역의 정황에서 다 불에 타 없어질 것이다. 하지만 복음을 전하는 일로 하나님의 말씀에 충실하면 상급을 받을 것이다.

나중에 바울은 자신의 삶과 사역을 돌아보면서(고전 4:4-5) 앞서 3:10-11에서 자신이 한 말을 병행시킨다.

"내가 자책할 아무것도 깨닫지 못하나 이로 말미암아 의롭다 함을 얻지 못하노라 다만 나를 심판하실 이는 주시니라 그러므로 때가 이르기 전 곧 주께서 오시기까지 아무것도 판단하지 말라 그가 어둠에 감추인 것들을 드러내고 마음의 뜻을 나타내시리니 그때에 각 사람에게 하나님으로부터 칭찬이 있으리라"

바울은 하나님께서 자신을 판단하시리라는 것을 알고 있다. 흥미롭게도 바울은 이 심판이 별일 아니라는 듯한 태평스러운 태도를 보이지 않는다. 실제로 바울은 하나님께서 "마음의 뜻을 나타내시리"라고 말한다(5절). 수많은 그리스도인 지도자, 목회자, 신학자들이 겉으로 보기에 위대한 일들을 말하고 성취하지만, 하나님께서는 이들의 마음의 동기를 살피실 것이다. "어떤 이들은 투기와 분쟁으로, 어떤 이들은 착한 뜻으로 그리스도를 전파하나니"(빌 1:15).

하나님은 악인뿐만 아니라 그리스도인도 심판하실 것이며, 이 그리스도인들 중에는 복음 사역자도 있다. 하나님께 성실하지 못하면 하나님에게서 받는 상급을 잃게 된다. "심는 이와 물 주는 이는 한가지이나 각각 자기가 일한 대로 자기의 상을 받으리라 … 만일 누구든지 그 위에 세운 공적이 그대로 있으면 상을 받고"(고전 3:8, 14).

여기서 상은 단순히 구원을 가리키는 거라고 말하고 싶을지 모른다. 하지만 그런 입장은 오직 믿음에 의한 칭의 개념을 손상시킨다. 믿음만이 우리에게 구원에 대한 권리를 준다. 믿을 때 우리는 영생을 받는다. 그러므로 복음을 위해서나 또 개신교도로서 우리가 고수하는 종교개혁 원리를 위해서는 바울이 여기서 상을 영생보다 우위에 있고 영생을 초월하는 것으로 논하고 있다고 보는 게 훨씬 더 바람직하다. 고린도전서 3:15에서 바울이 쓰는 표현을 보면 이 점이 확실해진다. 사역자의 수고는 "해를 받"을 테지만, 사역자 "자신은 구원을 받되 불 가운데서 받은 것" 같을 것이다. 달리 말해, 하나님을 위해 일하는 자는 천국을 얻는 한편, 그 과정에서 실로 무언가를 잃을 것이다. 또 다른 말로, 이 사람은 "가까스로" 천국에 들어가게 될 것이라 표현할 수도 있다.

이런 견해조차도 하나님의 은혜를 크게 드높인다. 어떤 사람이 자기 일에 어느 정도 불성실할 수 있지만 그래도 그 사람은 천국에 들어간다. 다만 이들은 사도들과 선지자들이 놓은 터(엡 2:20) 위에 세우는 일꾼들에게 약속된 상급은 잃을 것이다. 어떤 이들은 이렇게 말할지 모른다. "천국에 들어갈 수만 있다면 그걸로 된 거다. 그러니 내가 최대한 열심을 내며 헌신하지 않더라도 좀 봐주길 바란다." 하나님의 자녀로서 우리에게는 은혜로 우리를 구원하시는 분을 성실하게 섬겨야 할 책임이 있는데, 위와 같은 태도는 이 책임을 깨닫지 못하는 태도다.

네가 충성하였으매

마태복음 25장의 달란트 비유에는 종말론적 힘이 있다. 달리 말해, 그리스도께서는 천국에 이르는 결과를 낳는 비유를 말씀하고 계신다. 다른 모든 비유와 마찬가지로 이 비유도 그 의미가 즉각

이해되지는 않는다. 내가 생각하기에 마태복음 25장은 고린도전서 3-4장에 드러난 바울의 생각을 자세히 설명해 준다.

이 비유에서 주인은 인자이신 그리스도시다. 종은 제자들로서, 이들에게는 특정한 '은사'(달란트)가 주어져 있다. 구체적으로 이 은사는 제자들에게만 특별히 주어진 하나님 나라의 신비에 관한 지식을 말한다(마 13:11-13을 보라). 그 지식을 지닌 이들은 그 신비를 맡은 충성스러운 청지기여야 하며(고전 4:1을 보라), 그 직분에 대해 상을 받을 것이다. 불충성은 심판이라는 결과를 낳을 것이다.

마태복음의 달란트 비유에서, 주인(그리스도)은 "내가 많은 것을 네게 맡기리니"라는 말로 충성된 종에게 상을 준다. 누가복음의 열 므나 비유(눅 19:17-19)는 충성스러운 종에게 주어질 다양한 상급에 대해 더 자세히 알려 준다.

> "주인이 이르되 잘하였다 착한 종이여 네가 지극히 작은 것에 충성하였으니 열 고을 권세를 차지하라 하고 그 둘째가 와서 이르되 주인이여 당신의 한 므나로 다섯 므나를 만들었나이다 주인이 그에게도 이르되 너도 다섯 고을을 차지하라 하고"

투레틴은 이 비유를 근거로 이렇게 말한다. "다섯 [므나] 남긴 이는 열 고을 다스릴 권세를 얻고, 둘 남긴 이는 두 고을 다스릴 권세를 얻는다. 수고의 정도가 다 다름에 어느 정도 비례하여 그에 상응하는 상급이 다양하게 주어지지 않는다면 이렇게 말할 수 없다."[27]

이 비유의 말씀을 처음 들은 이들에게는 하나님 나라의 비밀을 맡은 충성스러운 청지기 직분에 대해 상급이 약속되었으며, 이 비밀이 감춰져 있었던 것은 오로지 나중에 드러나기 위해서였다. 어느 세대든 마태복음을 읽는 이들은 비슷한 권면을 접하게 되고 상급에 대한 약속을 받게 된다.

그렇다면, 어떤 이들은 천국에서 비교적 더 큰 '통치권'과 책임을 감당하게 될 것이다. 그러므로 이들은 더 큰 영광을 소유하게 될 것이다. 왜냐하면 이들은 이 땅에서 하나님께서 주신 '은사'를 가지고 충성했기 때문이다. 달란트와 므나 비유는 세상에 은사 없는 사람은 없다고 우리에게 가르친다. 하지만 더 많이 받은 사람에게는 더 많은 것이 기대된다(눅 12:48).

그리스도는 가장 많은 은사를 받으셨으며, 가장 충성스러우셨다. 그래서 그리스도께서 받으시는 상급은 그리스도의 은사와 충성스러움이 어느 정도였는지를 반영한다. 그리스도와의 연합 덕분에 우리는 이 현실에 참여한다. 하나님께서는 하나님의 이름과 존귀함을 위해 충성한 자에게 은혜롭게 상을 주신다. 믿음으로 우리는 우리가 지금 여기서 하는 행위가 천국에서의 우리 실존에 실제적 결과를 낳는다고 믿는다. 물론 우리가 구원을 얻을 만한 공로를 세우거나 구원을 획득할 수는 없으며, 이 점은 아무리 강조해도 부족하다. 그렇다고 해서, 오직 믿음에 의한 칭의 교리가 위태로워질까 염려되어 충성에 대한 상급 이야기를 전혀 하지 말아야 한다는 뜻은 아니다. 성경은 상급에 대해 빈번히, 그리고 때로는 아주 명쾌하게 이야기한다. 그런데 우리가 상급에 대해 이야기하지 않고 설교하지 않는다면 이는 하나님보다 더 지혜로운 체하는 것이 아니겠는가?

 하나님께서는 자신의 모든 자녀들에게 은사를 주사 하나님과 교회를 섬기는 일에 쓰게 하신다. 하나님의 은사에 대해 청지기 역할을 해야 할 책임이 있는 만큼, 하나님을 섬기기 위해 그 은사를 활용하는 방법에 대해 생각해 보라.

11.
이생에서 받는 상

상급 교리에 대해 말할 때는 상을 천국에서의 실존, 특히 새 하늘과 새 땅에서의 우리 실존에 한정하지 않도록 주의해야 한다. 우리의 삶은 십자가 모양이다. 다시 말해서, 그리스도인은 절대 고난을 모르는 이들이 아니다. 그렇다고 해서 우리가 겪는 일이 고난당하는 일뿐이라는 말은 아니다. 하나님께서는 영원한 세상에서 우리에게 복 주시려는 자신의 계획에 대한 맛보기로서 여기 이 땅에서도 우리에게 상을 주신다.

순종의 결과로 우리가 받는 한 가지 상은, 하나님의 자기만족적(complacency) 사랑이 점점 더 많이 임한다는 것이다. 이 주제를 이런 식으로 진술할 때 우리는 매우 조심해야 한다. 이는 풍성한 역사적 유래를 지녔지만 오늘날에는 여러 가지 이유로 거의 논의

되지 않는 교리이기 때문이다.

우리는 자기 백성을 향한 하나님의 자발적(값없는) 사랑에 대해 이야기할 수 있다. 이 사랑에는 세 가지 구성 요소가 있다.

1. 하나님의 자비의 사랑. 이 사랑으로써 하나님은 그리스도 안에서 우리를 택하시고 영생을 얻을 자로 우리를 예정하신다.
2. 하나님의 은혜의 사랑. 이 사랑으로써 하나님은 만사를 정하셔서 때가 되면 택자의 구원이 이뤄지게 하신다.
3. 하나님의 기쁨(친교)의 사랑. 이 사랑은 역사적으로 하나님의 자기만족적 사랑으로 이해되기도 하며, 이 사랑으로써 하나님은 백성들의 거룩함에 따라 이들에게 상을 주신다.

17세기 최고 신학자 중 하나로 손꼽히는 네덜란드의 멜키오르 리데커(Melchior Leydekker: 1624-1721)는 하나님의 자비의 사랑과 하나님의 자기만족적 사랑을 아래와 같은 식으로 구별한다.

하나님의 사랑은 자비의 사랑 아니면 자기만족적 사랑이다. 첫 번째 사랑은 택자들이 하나님께 만족감을 드릴 만한 어떤 일을 하기도 전에 하나님께서 이들을 선대(善對)하시는 사랑이다(요 3:16; 롬 5:8). 그러므로 이 사랑은 하나님의 작정(decrees) 중 예정하시는 사랑으로, 혹은 때가 되면 실제로 효과를 내는 사랑으로 볼 수 있다. 두 번째로, 자기만족적 사랑은 하나님께서 택자 안에 있는 선(善)을 인정해 주시되 특히 하나님께서 명하시고 하나님께서 초래하신 선으로 인정해 주시는 경우다(히 11:5-6; 요 14:21; 16:26-27).[28]

리데커가 분명히 하고 있다시피, 하나님의 자비의 사랑은 논리적으로 하나님의 자기만족적 사랑보다 앞선다. 당연히 그런 순서여야 한다. 하나님의 자비의 사랑은 선택의 근원이요 택자들이 받는 모든 복의 근원이기 때문이다. 자기만족적 사랑은 택자들 안에 있는 선을 기뻐하는데, 이 선이 존재하는 것은 오로지 하나님의 자비의 사랑 때문이다. 청교도 신학자 스티븐 차녹(Stephen Charnock)도 하나님의 사랑에서 볼 수 있는 이런 구별을 언급한다.

> 거룩함에 대한 하나님의 사랑은 양(量)은 적을지 몰라도 사랑의 정도는 훨씬 깊을 것이다. 그래야 하나님의 형상이 더욱 뛰어나고 아름답게 드러나고 하나님 자신의 무한한 정결함의 생생한 특징에 더 근접해지기 때문이다. … (요 14:21) … 하나님께서 거룩한 사람을 사랑하심은 그 사람의 본성에 하나님과의 유사성이 있기 때문이다. 하나님의 본성에 어울리는 성결하게 된 성향이 풍부하면, 하나님의 은총도 증대된다. 원형(the original)을 더 많이 닮으면 닮을수록 우리는 그 원형의 복을 더 많이 누리게 될 것이다. 누구든 하나님의 형상에 더 많이 참여할수록 그 사람은 하나님의 기쁨에 더 많이 참여한다.[29]

흥미로운 점은, 리데커와 차녹 두 사람 모두 요한복음 14:21을 근거 삼아 자기주장을 펼친다는 점이다. "나의 계명을 지키는 자라야 나를 사랑하는 자니 나를 사랑하는 자는 내 아버지께 사랑을 받을 것이요 나도 그를 사랑하여 그에게 나를 나타내리라." 이 구절은 하나님의 무조건적 사랑을 가리킬 수 없다. 왜냐하면 이 구절은 우리가 하나님의 계명을 지킬 때만 하나님의 사랑이 임한다는 뜻일 것이며, 그러면 우리가 율법을 지키는 것이 하나님의 선택적 사랑을 받는 자격 조건이 될 것이기 때문이다. 그보다 이 구절은 하나님의 친교의(자기만족적) 사랑에 대해 말하고 있으며, 이 사랑으로써 그리스도께서는 자기 계명을 지키는 자들에게 언약적 임재를 더 많이 드러내신다.

칭의 교리를 논할 때 투레틴은 요한복음 14:23의 표현에 주목한다. 이 구절에서 그리스도께서는 그리스도를 사랑하는 자들에게 아버지의 사랑을 약속하되 "정서적으로, 그리고 (아버지의 사랑이 마치 그때부터 시작되는 양) 그 사랑의 시작에 관해서가 아니라(왜냐하면 아버지는 일찍이 우리를 사랑하셨으므로; 요일 4:10), 실제적으로, 그리고 그 사랑의 지속과 증대에 관해 약속하신다. 아버지께서는 차별화된 복으로 자신의 사랑을 증명하실 것이고 자신을 새로이 나타내 보여 주심으로써 이들을 위로하실 것이기에 말이다."[30]

그리스도의 계명을 지키면 큰 상급이 뒤따른다. 즉, 우리 삶에 그리스도의 임재가 점점 더 많이 나타난다. 우리는 하나님의 자비의 사랑이 무조건적임을, 우리가 언제나 하나님의 자녀임을 확신할 수 있다. 그렇다 해도 우리 삶에 하나님의 사랑이 더 많이 나타나는 것을 누리려고 애써야 하지 않겠는가?

많이 심고, 많이 거두라

바울이 고린도후서 8-9장에서 연보에 대해 특별히 목회자의 심정으로 말하고 있는 부분은 교회에 연보하는 선한 행위에 반드시 상이 따른다는 사실을 보여 주고 있다. 고린도후서 9:6에서 바울은 "적게 심는 자는 적게 거두고 많이 심는 자는 많이 거둔다"라고 수신인들에게 설명한다. 이 말씀은 이 책의 기본 주장, 즉 "사람이 무엇으로 심든지 그대로 거두리라"(갈 6:7, 9)라는 사실을 확증한다. 바울은 이 일반 원리를 그리스도인의 연보에 적용한다. "각각 그 마음에 정한 대로 할 것이요"(고후 9:7). 억지로가 아니라 진심으로, 아낌없이 연보하는 사람은 다음과 같은 상급을 받는다. "하나님은 즐겨 내는 자를 사랑하시느니라"(고후 9:7). 나는 이 '사랑'을 앞에서 설명한 자기만족적 사랑으로 이해한다. 스펄전이 이 본문을 설교하면서 주장한 것처럼, "기억하라, 이 문장은 모든 부류의 인간을 향해 하는 말이 아니라는 것을. 이는 기독교회의 구성원들을 향해 하는 말이다. 하나님께서는 이들 모두를 사랑하시

지만, 기꺼이 주는 자가 되라고 은혜로써 가르치신 자들에게 특별히 더 만족하신다."³¹

하지만 상급은 하나님께서 아버지로서 베푸시는 은총을 받는 것으로 끝나지 않는다. 실제로 바울은 10-11절에서 이렇게 말한다. "심는 자에게 씨와 먹을 양식을 주시는 이가 너희 심을 것을 주사 풍성하게 하시고 너희 의의 열매를 더하게 하시리니 너희가 모든 일에 넉넉하여 너그럽게 연보를 함은 그들이 우리로 말미암아 하나님께 감사하게 하는 것이라."

10-11절에 주어진 많은 약속들은 하나님 나라의 일에 아낌없이 연보하는 데서 비롯되는 결과다. 첫째, '건강·부·번영' 복음(사실은 복음이 아닌)을 비판하는 이들은 10절에 아마 불편함을 느낄 것이다. 그러나 여기서 바울은 우리가 (돈을) 내놓으면 하나님께서 우리가 뿌릴 씨(돈)를 풍성하게 해 주실 것이라 말하고 있는 것으로 보인다. 하나님께서는 우리가 가진 것을 내놓으면 우리를 부자로 만들어 주실 것이라 약속하시는 게 아니라 더 많이 연보할 수 있게 해 줄 것이라 약속하신다. 그것이 바로 이생에서 주어지는 상급으로서, 이 상급은 우리의 행동과 행위의 길잡이가 되는 하나님 나라의 가치를 지니고 있다. 둘째, 연보는 우리 "의의 열매를 더하게" 해 줄 것이다. 이는 순수한 마음과 선한 동기에서 연보하는 이들에게 하나님께서 상 주신다는 의미다. 하나님께서는 우리

의 의를 증대시킴으로써 우리에게 상 주신다. 믿음으로 주님의 일에 연보하면 더 큰 은혜를 받게 된다. 후하게 내놓음으로써 우리는 더 후해진다. 셋째, 우리가 후하게 내놓는 모습을 보고 사람들은 대개 하나님께 감사하며 기뻐한다. 달리 말해, 우리의 선한 행위는 다른 그리스도인들로 하여금 하나님을 찬양하게 만든다.

이렇게 하나님 나라의 일을 위해 연보하라는 바울의 권면은 상당 부분 이생에서 거두는 상급에 초점을 맞추고 있다. 하나님은 "기다렸다가 천국에 가서 다 받으라."라고 말씀하시는 구두쇠가 아니다. 하나님은 지금 여기서 상과 복을 주신다. 아버지이신 하나님은 자기 자녀의 성실한 순종에 상 주지 않고는 배길 수 없는 분이기 때문이다.

훌륭한 아내

계명을 지키면 계명을 범하는 것보다 우리에게 언제나 이득이 된다. 예를 들어, 제7계명은 간음을 "하지 말라"(not commit)고 우리에게 말한다(출 20:14). 이 계명의 긍정적 표현은 에베소서 5:24-25에서 볼 수 있다. "그러므로 교회가 그리스도에게 하듯 아내들도 범사에 자기 남편에게 복종할지니라 남편들아 아내 사랑하기를 그리스도께서 교회를 사랑하시고 그 교회를 위하여 자신을 주심같이 하라."

아내를 사랑하는 남편은 자기를 사랑하는 것인데(엡 5:28), 이것은 일종의 상이다. 복종하고, 복종하는 행동으로 돌려받는다는 것은, 하나님의 율법에 충실하면 그 의인은 반드시 상을 받는다는 뜻이다. 예외도 있긴 하지만, 아내를 사랑하는 남편은 대개 비교적 더 행복하고 충만하고 안정적이고 사랑 넘치는 결혼 생활을 누린다. 사람들이 우스갯말로 "아내가 행복하면 인생이 행복하다."라고 하는데, 정말 일리가 있는 말이다. 아내를 사랑하려 하지 않는 남편은 고생을 자초하는 것이다.

마찬가지로, 남편을 존중하는 경건하고 유순한 아내는(엡 5:24) 대개 그 보답으로 애정 깊은 남편을 상으로 받는다. 내가 보기에 일차적 책무는 남편이 아내를 사랑해야 한다는 것이지만, 아내 또한 남편에게 책무가 있다. 이 책무는 남편이 좀 더 애정 넘치는 남편이 될 수 있도록 돕는 역할을 한다. 그래서 예를 들어 제7계명에 순종하면 우리는 이생에서 분명 복과 상을 받는다. 좀 노골적으로 들릴지 모르지만, 남편이 이기적이고 불친절한 경우보다는 자상하고 애정 깊을 때 아내도 남편의 잠자리 요구에 좀 더 기꺼이 응할 것이다. 대다수 남자들에게 이는 상이 되기에 충분하지 않은가? 행복한 결혼 생활이란 부부관계를 자주, 즐겁게 즐긴다는 뜻이다.

하나님께서 매주 주시는 선물

하나님께서는 인간에게 일주일 중 하루를 안식하는 날로 주셨다. 이 의무적 안식 원칙은 하나님의 창조에 내재되어 있다(창 2:2). 그래서 구속받은 자기 백성을 대하실 때도 당연히 하나님은 일주일 중 하루는 일을 쉬고 안식할 것을 여전히 명령하신다(출 20:8-11). 새 언약 시대에서는 안식일이 주일로 대체된다. "주의 날에 내가 성령에 감동되어"(계 1:10). 일주일 중 하루를 쉬는 원칙이 지금까지 남아 있음은 이것이 창조 원리이기 때문이다.

하나님께서는 우리의 유익을 위해 이날을 인간에게 선물로 주셨다. 먼저 우리는 우리 자유를 이날에 빼앗긴 것으로 생각해서는 안 된다. 하나님께서는 우리가 쉬기를 바라시고, 그래서 세상일에서 놓여나 안식할 수 있는 시간을 허락하신다는 점에 오히려 우리는 하나님께 감사해야 한다. '과당 경쟁'의 누적 효과가 충격적으로 드러나고 있는 우리 시대에서 안식은 선택 사항이 아니다. 그래서 안식하지 못하는 것은 "살인하지 말라"라는 제6계명을 어기는 것이다. 탈진, 스트레스, 분주함은 대개 개인적 죄의 결과다. 하나님은 사람을 가혹하게 부려먹는 주인이 아니다. 하나님은 우리가 먼지일 뿐임을 기억하신다(시 103:14).

하나님께서 정해 주신 삶의 패턴을 따라 살면, 우리 삶을 위한 하나님의 지혜가 복을 낳으리라고 기대할 수 있다. 제 역할을 다

하며 살려면 안식이 필요하다. 주님에게 집중하며, 주님의 백성들과 어울리며, 남을 도울 수 있는 날이 우리에게는 필요하다. 새 언약 시대에 안식일이 있음을 믿지 않는 이들도 흔히 주일에 안식하며 예배하는 지혜를 인정한다. 내가 아는 철저한 '안식일 엄수주의자들'(Sabbatarians) 중에는 사실상 안식일 엄수주의자가 아닌 이들이 있다. 세상에 매이는 것이야말로 진짜 위협이고, 세상의 종이 되는 것을 피할 수 있는 한 가지 방법은 매주 하루씩 숨을 돌리고 쉬면서 하나님의 은혜로운 예비하심을 즐기는 것임을 이들도 알고 있다.

유진 피터슨이 이 점을 잘 표현한다. "안식일을 취하지 않는다면 뭔가가 잘못된 것이다. 일을 너무 많이 하고 있는 것이며, 너무 많은 책임을 지고 있는 것이다. 일주일에 하루는 일에서 손을 떼어야 하며, 내가 아무것도 안 하고 있을 때 하나님께서 어떤 일을 하시는지 그저 지켜보아야 한다."³²

살다가 보면 삶이 힘들 때도 있는데 이것이 반드시 삶 가운데 있는 구체적 죄의 결과를 겪고 있음을 뜻하지는 않는다(욥의 삶을 생각해 보라). 하지만 그런 때가 닥치면 이를 기회 삼아 하나님과의 관계를 검토해 볼 수 있다. 내가 겪는 역경이 회개하지 않은 죄의 결과일 가능성은 없는가?

12.
선행을 위한 몇 가지 제안

 진정한 선행은 본질상 교만한 태도를 조장하지 않는다. 선한 일을 너무 많이 하다 보면 교만해지지 않을까 하고 염려하는 사람들이 있지만, 선행과 관련해 목회자로서 내가 자주 이야기해야 했던 것은 이른바 이런 염려가 아니다. 선한 일을 너무 많이 한다고 해서 교만이나 외식이라는 결과가 따르지는 않으며, 그런 경우가 있다고 해도 흔하지는 않다. 선한 일을 할 때 교만과 외식이 작용할 수도 있지만, 하나님의 말씀에 따를 때 교만과 외식으로 행하는 일은 '선한' 행위로 볼 수 없다.

 선한 행위는 본질상 우리를 늘 겸손하게 만든다. 왜인가? 하나님께서 그런 불완전한 행위에도 상 주신다는 사실이 놀랍기 때문이다. 또한 하나님께서 우리 같은 사람들을 쓰셔서 하나님의 목적을 이루신다는 사실 앞에서도 우리는 겸손해지지 않을 수 없다. 놀랍다. 전능하시고 모든 일에 지혜로우신 하나님께서 인간을 쓰셔서 죄인의 구원을 이루신다니 말이다.

늘 그래왔듯이, 오늘날 필요한 일은 그리스도인들이 먼저 하나님의 나라를 구하는 것이다. 이렇게 하면 상이 있을 거라 약속되어 있다. "그리하면 이 모든 것을 너희에게 더하시리라." 하나님 나라를 최우선으로 추구하는 이들에게는 물질적 복이 임한다(마 6:31). 하지만 선한 일을 하려는 우리의 목표에서 중요한 것은 일반 원리다. 하나님 나라가 가장 먼저다. 그리스도의 관심사는 곧 우리의 관심사다. 그리스도께서는 이 세상에서 다른 어떤 것보다도 교회를 사랑하신다. 우리는 교회에, 선교에, 사역자 후보들을 후원하는 일에, 과부와 고아를 섬기는 일에 얼마나 관심을 갖고 있는가?

우리가 아무리 많이 주거나 베풀어도 하나님을 능가할 수는 없다. 일단 우리가 믿음으로, 하나님의 영광을 위해 하나님의 나라를 위해 우리가 가진 것을 바치면, 결국 다시 받는다는 것을 알게 될 것이다. 놀라운 일이다! 우리가 가진 것을 하나님께 바칠 때 하나님께서는 아낌없이 풍성하게 주신다. 가난한 과부 이야기에서 우리는 그 여인이 자기 형편에 넘치게 헌금했지만 얻은 것은 그 희생에 대한 예수님의 축복뿐이었다고 생각하기 쉽다(눅 21:1-4).

"예수께서 눈을 들어 부자들이 헌금함에 헌금 넣는 것을 보시고 또 어떤 가난한 과부가 두 렙돈 넣는 것을 보시고 이르시되 내가 참으로 너희에게 말하노니 이 가난한 과부가 다른 모든 사람보다 많이 넣었도다 저들은 그 풍족한 중에서 헌금을 넣었거니와 이 과부는 그 가난한 중에서 자기가 가지고 있는 생활비 전부를 넣었느니라 하시니라"

예수께서 이 과부에게 신경을 안 써 주셨다고 생각해야 할까? 이 여인은 아무튼 손해를 본 것일까? 아니다. 그렇지 않다! 요한복음 12:1-8에서 마리아의 씀씀이가 얼마나 컸는지 생각해 보라. 여기서도 그리스도께서는 그 돈을 가난한 자들을 위해 쓸 수도 있었을 거라는 위선적 반대 의견이 나오는 와중에 마리아의 섬김을 받으신다. 어떤 경우든, 하나님 나라가 먼저다. 하나님 나라를 우선으로 여길 때 우리는 알게 될 것이다. 우리의 이익보다 하나님과 그리스도의 이익을 앞세워도 우리가 손해 보는 일은 절대 있을 수 없다는 것을.

부활 시에 네가 갚음을 받겠음이라

성경은 곤궁한 사람들을 돕는 일에 대해 많은 말을 한다. 후하다는 것은 흔히 나에게 도움이 될 수 없는 사람까지 돕는 것을 말한다. 남을 돕는다는 것은 그 사람이 나에게 뭔가 반대급부를 줄 수 있음을 의식한다는 의미에서 상당 부분 아주 '전략적' 행위일 수 있다. 하지만 "감사합니다."라는 말 외에 나에게 보답할 것이 거의 없는 사람을 돕는다는 것은 내가 정말 후한 사람인지 아닌지를 보여 주는 증표다. 이것이 아마 누가복음 14장의 큰 잔치 비유의 요점 중 하나인 것 같다. 한 바리새인 지도자의 집에서 그리스도께서는 다음과 같이 주장하셨다(눅 14:12-14).

"네가 점심이나 저녁이나 베풀거든 벗이나 형제나 친척이나 부한 이웃을 청하지 말라 두렵건대 그 사람들이 너를 도로 청하여 네게 갚음이 될까 하노라 잔치를 베풀거든 차라리 가난한 자들과 몸 불편한 자들과 저는 자들과 맹인들을 청하라 그리하면 그들이 갚을 것이 없으므로 네게 복이 되리니 이는 의인들의 부활 시에 네가 갚음을 받겠음이라 하시더라"

교회 안에도 외모와 사회적 지위 면에서 매력 있는 사람들에게 저절로 마음이 끌리는 자연적 유혹이 있다. 이는 지극히 정상적 현상이다. 하지만 복음은 '정상적'이지 않다. 복음은 우리의 세상과 생각을 전복시킨다. 가진 자는 갖지 못한 자와 자기 소유를 나눠야 한다. 그렇게 해서 우리는 "의인들의 부활 시에 네가 갚음을 받겠음이라"라는 약속을 받는다(눅 14:14). 이는 우리가 구원으로 보답받는다는 말이 아니라, 약속된 상급을 받는다는 뜻임에 틀림 없다.

물론 우리는 교회 밖에 있는 사람들에게까지 도움의 손길을 뻗쳐야 한다. "그러므로 우리는 기회 있는 대로 모든 이에게 착한 일을 하되 더욱 믿음의 가정들에게 할지니라"(갈 6:10). 그렇다. 우리는 특히 그리스도 안에 있는 형제자매들을 돌보지만, 단지 이들만 돌보는 것은 아니다. 우리는 우리 빛이 사람들 앞에 비치게 해야 한다(마 5:16). 실로, 우리가 타인에게 선을 행하면, 하나님께서 그 선한 행위를 이용해 구원을 이루실 가능성이 있다. "… 너희 빛이 사람 앞에 비치게 하여 그들로 너희 착한 행실을 보고 하늘에 계신 너희 아버지께 영광을 돌리게 하라"(마 5:16). 우리가 하나님께서 쓰시는 도구가 되어, 한때 영원한 저주에 빠질 운명이었던 죄인의 구원을 이루는 일에 쓰이다니 이 얼마나 엄청난 상급인가.

13.
시험

"또 내가 들으니 허다한 무리의 음성과도 같고 많은 물소리와도 같고 큰 우렛소리와도 같은 소리로 이르되 할렐루야 주 우리 하나님 곧 전능하신 이가 통치하시도다 우리가 즐거워하고 크게 기뻐하며 그에게 영광을 돌리세 어린양의 혼인 기약이 이르렀고 그의 아내가 자신을 준비하였으므로 그에게 빛나고 깨끗한 세마포 옷을 입도록 허락하셨으니 이 세마포 옷은 성도들의 옳은 행실이로다 하더라"(계 19:6-8)

위에서 읽은 말씀에 비추어 한 가지 시험해 볼 게 있다. 이 구절에서 '세마포 옷'이란 성도에게 전가된 그리스도의 의로운 행위라 생각하는가? 어떤 책에서는 그렇게 주장한다.[33] 하지만 빌(G. K. Beale)은 생각이 다르다. "선한 행위는" 천국에 들어가기 위한 "비인과적(noncausal) 필수 조건이다"(로마서 2:6-8과 고린도후서 11:2를 읽는 이들에게 그가 지적하고 있는 것처럼).[34] 빌의 주장에 따르면, 요한계시록 19:8의 '세마포 옷'은 구체적으로 "성도의 의로운 행위에 대한 상급(혹은 그 행위의 결과)이다."[35] 빌은 계속해서 이렇게 말한다.

결론적으로, 성도는 하나님께서 이들을 의롭게 변호하신다는 하나의 상징으로 깨끗한 세마포 옷을 입는다. 왜냐하면 성도는 이 땅에서 박해받았을지라도 의로웠기 때문이다. 하나님의 의로운 변론에는 원수에 대한 심판이 수반된다는 것이 깨끗한 의복의 완전한 의미이며, 이는 성도의 믿음과 행위가 계속 옳았음을 보여 준다. 19:8의 "깨끗한 옷"의 이중적 의미는 요한계시록 전체의 수사학적 목적에 감탄스러울 만큼 부합되며, 이 목적에는 이제 옷을 그만 더럽히고(3:4-5) "벌거벗은"(3:18; 16:15) 채로 있지 말라고 신자들을 권면하는 것도 포함된다. 이는 인간의 책임이라는 측면을 강조하는데, 이 책임이 무엇인지는 19:7 하반절에서 확연히 알 수 있다. "그의 아내가 자신을 준비하였으므로." 인간의 측면에서 볼 때, 선행은 성도가 그리스도를 믿는 믿음을 입증하는 것에 중점을 두며, 이 사실은 19:10에서 증언에 초점을 맞추고 있다는 점, 그리고 3:4-5에서 흰옷을 입는 것을 증언 개념과 직접 연관시키고 있다는 점으로 뒷받침된다(참고. 마찬가지로 3:14도 3:18과 연관된다).[36]

훌륭한 학자, 신학자, 목회자도 가끔은 도덕주의, '신율법주의',

혹은 율법주의의 위험에 대한 혐오감 때문에, 분명 하나님 백성들이 평소 행하는 의(habitual righteousness)에 대해 말하고 있는 구절(예를 들어 마 5:20)에서 그 의를 '전가'된 의로 해석하는 식으로 성경에 접근하는 때가 있는 것 같다.

빌(G. K. Beale)의 입장은 이 책의 논지를 입증하는 데 도움이 된다. '칭의 중심주의' 태도로 성경에 접근하면, 하나님께서 자기 백성에게 저주가 아니라 복이 되게 하실 의도였던 선행과 상급 교리를 잃게 된다. 내가 생각하기에, 성경이 성화에 대해 말하고 있는 구절에서 오직 믿음에 의한 칭의(그리하여 우리 죄가 사함받고 그리스도의 의가 우리에게 전가된다는) 교리를 읽어 낸다면 결과적으로 칭의 교리를 손상시키는 게 된다. 칭의라는 종교개혁 교리를 적대하는 이들은, 우리가 칭의 교리를 읽어 내서는 안 되는 구절에서 무리하게 그 교리를 쥐어 짜내야 할 만큼 우리의 논거가 허약하다고 결론 내릴 것이다.

결론

아우구스티누스는 "주여, 뜻하시는 것을 명하시고, 명하시는 것을 주시옵소서."라는 유명한 말을 했다. 하나님께서는 우리가 하나님의 자녀로서 선한 일을 할 것을 명하신다. 그런데 선한 일을 하라고 우리에게 명하신 하나님은 우리가 그 선한 일을 할 수 있도록 미리 예비하신 하나님이시다. 그분은 자신이 명하신 일을 할 수 있는 힘을 우리에게 제공하시는 하나님이시다. 그뿐만 아니라, 그분은 우리의 선한 행위에 대해 상 주시되 공로에 근거해서가 아니라 은혜로 상 주시는 하나님이시다.

이 선한 일은 우리 구주의 행위처럼 완전하지 않아도 괜찮다. 우리 구주의 완전한 행위는 마침내 우리 죄를 위해 십자가에서 큰 희생을 치르시게 만들어서, 하나님께서 우리 행위에 대해 상 주시되 그 행위의 가치를 훨씬 초월하는 상을 주실 수 있는 배경을 형성한다. 감사하게도 하나님은 엄격한 공의에 따라 우리를 대하시지 않는다. 하나님은 은혜를 따라 우리를 대하시어, 상 받기 위해 끊임없이 선을 행하라고 우리에게 동기를 부여해 주신다.

추천 도서

Francis Turretin, *Institutes of Elenctic Theology*, ed. James T. Dennison Jr., trans. George Musgrave Giger. 3 vols. (Phillipsburg, N.J.: P&R Publishing, 1992), 3:621-630. 『변증 신학 강요』, 부흥과개혁사.

Four Views on the Role of Works at the Final Judgment (Counterpoints: Bible and Theology) (Zondervan, 2013).

Richard Gaffin, *By Faith, Not by Sight: Paul and the Order of Salvation* (Phillipsburg, N.J.: P&R Publishing; Second Edition, 2013).

웨스트민스터 신앙 고백서 16장: 선행에 관하여

1. 하나님께서 자신의 거룩한 말씀에서 명하신 그런 행위만이 선행이다. 성경의 근거 없이, 맹목적 열심으로나 어떤 선한 의도를 빙자하여 인간이 상상해 낸 그런 행위는 선행이 아니다.

2. 하나님의 계명에 순종하여 행해진 이러한 선행은 참되고 살아 있는 믿음의 열매이자 증거다. 그리고 선행으로 신자는 감사를 드러내고, 자신의 확신을 견고히 하며, 형제들의 덕을 세우고, 복음에 대한 증언을 빛나게 하며, 대적들의 입을 막고, 하나님께 영광을 돌린다. 신자는 거룩함에 이르는 열매를 얻어 그 마지막인 영생(롬 6:22)을 얻을 수 있도록, 선한 일을 위해 그리스도 안에서 만들어진 하나님의 작품이다.

3. 신자가 선을 행할 수 있는 능력은 절대 자기 자신이 아니라 전적으로 그리스도의 성령에게서 온다. 그리고 신자가 선행을 행할 수 있기 위해서는, 이미 받은 은혜 외에, 자신의 선하신 기쁘심 때문에 [신자로 하여금 선을] 원하게 하시고, [그 원하는 선을] 행하도록 신자 안에서 역사하시는 동일한 성령의 실제적 감화가 요구된다. 그렇지만 신자는 이것을 근거로, 성령의 특별한 활동이 없는 한 자신은 [선을 행할] 아무런 의무도 없다는 듯 게을러져서는 안 된다. 오히려 자기 안에 있는 하나님의 은혜를 불러일으키는 데 부지런해야 한다.

4. 순종과 관련해 이생에서 도달할 수 있는 최고 단계에 도달한 사람도 의무 이상의 일, 즉 하나님께서 요구하신 것 이상을 행할 수 있기는커녕 의무로서 반드시 행해야 하는 것에도 훨씬 미치지 못한다.

5. 우리의 최고 선행과 장차 있을 영광 사이의 큰 불균형 때문에, 그리고 우리와

하나님 사이의 무한한 거리 때문에, 우리는 우리의 최고 선행으로써 하나님에게 죄 사함이나 영생을 요구할 수 있는 공로를 쌓을 수 없으며, 그 선행으로 하나님께 이득을 드릴 수도 없고 우리가 전에 범한 죄의 빚을 갚을 수도 없다. 우리가 할 수 있는 모든 일을 다 했어도 그것은 무익한 종으로서 그저 우리의 의무를 행했을 뿐이다. 이는 우리의 행위가 선한 한, 그 행위는 하나님의 성령에게서 비롯되기 때문이며, 우리가 선한 행위를 할 때 그 행위는 우리의 수많은 연약함 및 불완전함과 뒤섞여 하나님의 엄중한 심판을 견뎌 낼 수 없기 때문이다.

6. 그럼에도, 신자 자신이 그리스도를 통해 용납되는 것처럼 신자의 선행 또한 그리스도 안에서 용납된다. 이때 신자의 선행이 이생에서 하나님 보시기에 전혀 흠 잡을 만한 것이 없고 나무랄 데가 없다는 듯이 용납되는 것은 아니다. 하나님께서 성자 안에서 우리의 선행을 보시기에, 비록 우리의 선행이 많은 연약성과 불완전성을 동반하고 있을지라도, 이를 순수한 것으로 용납하고 상주기를 기뻐하시는 것이다.

7. 중생하지 않은 사람이 행한 행위에 관해 말하자면, 이 행위가 비록 하나님께서 명하신 것이고 그 자신에게나 다른 사람들에게 유익을 줄 수 있다 해도, 이는 믿음으로 정결하게 된 마음에서 비롯되지 않고, 말씀에 따라 올바르게 행해진 것이 아니며, 하나님의 영광이라는 올바른 목적으로 행해진 것이 아니다. 그래서 그 사람의 행위는 죄가 되며, 하나님을 기쁘시게 할 수도, 혹은 사람으로 하여금 하나님의 은혜를 받을 만하게 만들어 주지도 못한다. 그렇지만 그들이 선한 행위를 게을리하는 것은 더 죄 된 것이며 하나님을 불쾌하게 한다.

주

1. John Owen, *The Works of John Owen*, 16 vols. (repr. London: Banner of Truth, 1965-68), 14:13-14.
2. Thomas Watson, *Body of Divinity* (Edinburgh: Banner of Truth Trust, 1974), 129. 『신학의 체계』, 크리스천 다이제스트.
3. J. I. Packer, *Knowing God* (Downers Grove, Ill.: InterVarsity, 1993), 206. 『하나님을 아는 지식』, 한국기독학생회출판부.
4. Packer, *Knowing God*, 207.
5. Matthew Henry, *A Commentary Upon the Whole Bible*. Volume 5. (London, 1835), 33. 『매튜 헨리 주석 전집』, 크리스천 다이제스트.
6. Willem J. van Asselt, Michael D. Bell, Gert van den Brink, Rein Ferwerda, *Scholastic Discourse: Johannes Maccovius (1588-1644) on Theological and Philosophical Distinctions and Rules* (Apeldoorn: Instituut voor Reformatieondeerzoek, 2009), 251.
7. Obadiah Sedgwick, *The Bowels of Tender Mercy Sealed in the Everlasting Covenant...* (London, 1661), 460-461.
8. James Fisher, *The Assembly's Shorter Catechism Explained, by Way of Questions and Answer* (Philadelphia, 1831), 31.
9. Anthony Burgess, *Vindiciae Legis: or, A Vindication of the Morall Law and the Covenants, From the Errours of Papists, Arminians, Socinians, and More Especially Antinomians* (London, 1646), 125.
10. Burgess, *Vindiciae Legis*, 126.
11. William Ames, *The Marrow of Sacred Divinity* (London, 1642), 50.
12. John Owen, *Works*, 16 vols. (repr. London: Banner of Truth, 1965-68), 3:168-69.
13. Herman Bavinck, *Reformed Dogmatics: Sin and Salvation in Christ*, trans. John Vriend (Grand Rapids: Baker, 2006), 3:292. 『개혁교의학』,

부흥과개혁사.
14. D. Martyn Lloyd-Jones, *Studies in the Sermon on the Mount* (Grand Rapids: Eerdmans, 1976), 322. 『산상설교』, 베드로서원.
15. Alexander Whyte, *Lord, Teach Us to Pray: Sermons on Prayer* (Vancouver: Regent College Publishing, 1998), 257.
16. Henry, *A Commentary on The Holy Bible: Matthew to Acts*. Volume 5. (London, 1835), 34.
17. Owen, *Works*, 5:71.
18. Thomas Goodwin, *Works*, 12 vols. (repr. Grand Rapids: Reformation Heritage Books, 2006), 7:181ff.
19. Herman Witsius, *Conciliatory, or Irenical Animadversions, on the Controversies Agitated in Britain, under the unhappy names of Antinomians and Neonomians*, trans. Thomas Bell (Glasgow: W. Lang, 1807), 162.
20. Ibid.
21. Goodwin, *Works*, 7:181.
22. *Theoretico-practica theologia, qua, per singula capita Theologica, pars exegetica, dogmatica, elenchtica & practica, perpetua successione conjugantur*, new ed. (Amsterdam, 1724), 704-5.
23. Owen, *Works*, 3:613-614.
24. Owen, *Works*, 3:614.
25. Owen, *Works*, 3:617.
26. Francis Turretin, *Institutes of Elenctic Theology*, ed. James T. Dennison Jr., trans. George Musgrave Giger (Phillipsburg, N.J.: P&R, 1992), 3:623. 『변증 신학 강요』, 부흥과개혁사.
27. Turretin, *Institutes*, 3:625.
28. *De verborgentheid des geloofs eenmaal den heiligen overgelevert, of het kort begryp der ware godsgeleerdheid beleden in de Gereformeerde Kerk* (Rotterdam, 1700), 74-75.
29. Stephen Charnock, *The Works of the Late Rev. Stephen Charnock* (London: Printed for Baynes, 1815), 2:641.
30. Turretin, *Institutes*, 2:681.
31. C. H. Spurgeon, 'A Cheerful Giver is Beloved of God,' 1868년 8월 27일 목요일 저녁 설교.
32. Joshua Lujan Loveless, 'Eugene Peterson on Being a Real Pastor'

Relevant Magazine, June 7, 2011, http://www.relevantmagazine.com/next/blog/6-main-slideshow/1262-eugene-peterson-on-being-a-real-pastor.
33. J. V. Fesko, *Justification: Understanding the Classic Reformed Doctrine* (Phillipsburg, N.J.: P&R Publishing, 2008), 327.
34. G. K. Beale, *The Book of Revelation*, The New International Greek Testament Commentary (Grand Rapids: Eerdmans, 2013), 935. 『NIGTC 요한계시록』, 새물결플러스.
35. Beale, *Revelation*, 938.
36. Beale, *Revelation*, 942.